Mabel Collins

Licht auf den Pfad

und ein Essay über Karma

Mabel Collins

und ein Essay über Karma

Licht auf den Pfad und
die Erläuterungen
aus dem Englischen
von Hank Troemel.
Karma übersetzt von
Dr. Norbert Lauppert.

8., erweiterte Auflage 2007

(im Aquamarin Verlag)
Voglherd 1 • D-85567 Grafing

Layout: Annette Wagner
ISBN 978-3-89427-206-7
Druck: Ebner & Spiegel • Ulm

Inhalt

VORWORT

Diese im Jahre 1885 erstmals veröffentlichte Sammlung von Regeln, Anmerkungen und Erläuterungen ist von unschätzbarem Wert für alle, die sich ernsthaft auf ihre spirituelle Entwicklung vorbereiten wollen. Seit über hundert Jahren ist dieses Buch ein Klassiker der modernen Theosophie, der in 24 Sprachen übersetzt wurde und hier in der 7., neu übertragenen und um den Erläuterungsteil erweiterten Auflage erscheint. Die Texte von Mabel Collins

1885 schriftlich festgehalten und 1887 und 1888 kommentiert. Sie wurden niedergeschrieben »für den persönlichen Gebrauch jener, denen die Weisheit des Ostens noch fremd ist, die sie aber kennenlernen wollen«.

LICHT AUF DEN PFAD

Diese Regeln sind für jeden, der die Wahrheit sucht.

Folge ihnen!

Ehe das Auge sehen kann, darf es der Tränen nicht mehr fähig sein. Ehe das Ohr hören kann, muss es seine Empfindlichkeit verloren haben. Ehe die Stimme in Gegenwart der Meister sprechen kann, muss sie die Macht des Verletzens verloren haben. Ehe die Seele vor den Meistern stehen kann, muss das Blut des Herzens ihre Füße netzen.

1. Ertöte den Ehrgeiz.

Ehrgeiz ist der erste Fluch, der große Verführer jener Menschen, die über ihre Mitmenschen hinauswachsen. Er ist der einfachste Ausdruck des Wunsches nach Belohnung. Menschen mit Intelligenz und Macht werden durch Ehrgeiz fortwährend von ihren höheren Entwicklungsmöglichkeiten abgelenkt - und doch ist er ein unentbehrlicher Lehrmeister. Will man seine Belohnungen genießen, so werden sie zu Staub und Asche, und wie Tod und Entfremdung zeigt er den Menschen, dass egoistisches Handeln nur Enttäuschung bringt. Aber obwohl diese erste Regel so leicht und einfach erscheint, gehe nicht zu schnell an ihr vorbei. Denn die Laster des gewöhnlichen Menschen machen eine feine Umwandlung durch und erscheinen in veränderter Gestalt im Herzen des Jüngers wieder. Es ist leicht zu sagen: »Wenn der Meister in meinem Herzen liest, wird er es vollkommen rein finden.« Der echte Künstler, der nur aus Liebe zu seinem Werk schafft, steht manchmal fester auf dem rechten Weg als der Esoteriker, der wähnt, sein Interesse gelte nicht mehr dem eigenen Selbst, der aber in Wirklichkeit nur die Grenzen des Erfahrens und Begehrens erweitert und sein Interesse auf Dinge übertragen hat, die diesem größeren Lebensbereich entsprechen. Der selbe Grundsatz gilt auch für die beiden folgenden, scheinbar einfachen Lehren. Verweile bei ihnen und lass dich nicht durch dein eigenes Herz täuschen. Denn jetzt, an der Schwelle, kann ein Fehler noch korrigiert werden. Trägst du ihn aber mit dir weiter, dann wird er wachsen und reifen. Später dann bereitet dir seine Vernichtung großes Leiden.

2. Ertöte die Lebensbegierde.

3. Ertöte den Wunsch nach Behaglichkeit.

4. Wirke wie jene, die ehrgeizig sind. Achte das Leben wie jene, die es begehren. Sei glücklich wie jene, die dem Glück nur leben.

Suche in deinem Herzen den Ursprung des Bösen und vernichte ihn, denn das Böse ist im Herzen des ergebenen Jüngers ebenso fruchtbar wie im Herzen des sinnlichen Menschen. Nur wer stark ist, kann es ertöten. Der Schwache muss das Anwachsen des Bösen, seine Macht und seinen Tod abwarten. Einem Unkraut gleich lebt es und wächst zu allen Zeiten. Zur vollen Blüte kommt es, wenn der Mensch unzählige Lebenszeiten durchlaufen hat. Wer den Pfad der Kraft betreten will, muss es aus seinem Herzen reißen. Und dabei wird das Herz bluten, und das ganze Leben des Menschen scheinbar zerfallen. Diese schwere Prüfung muss ertragen werden - sie kann schon auf der ersten Sprosse jener gefährlichen Leiter kommen, die hinaufführt zum Pfad des Lebens, oder sie kommt erst beim letzten Schritt. Bedenke jedoch, o Jünger, sie muss ertragen werden, und du musst dich dieser Aufgabe mit der ganzen Kraft deiner Seele widmen. Lebe weder im Jetzt noch für die Zukunft - lebe im Ewigen. Dort kann das große Unkraut, dieser Schandfleck auf dem Dasein, nicht gedeihen: Es wird durch die dem Ewigkeitsgedanken eigene Ausstrahlung vernichtet.

5. Ertöte jedes Gefühl des Getrenntseins.

Bilde dir nicht ein, du könntest dich abwenden von schlechten oder törichten Menschen, denn sie sind eins mit dir, wenn auch in geringerem Maße als dein Freund oder dein Meister. Wenn du die Vorstellung des Getrenntseins von schlechten Dingen oder Menschen in dir aufkommen lässt, dann schaffst du Karma, das dich mit diesen schlechten Dingen oder Menschen so lange verbindet, bis deine Seele erkennt, dass sie sich nicht von ihnen lösen kann. Du musst wissen, dass die Sünde und Schande der Welt deine eigene Sündhaftigkeit und Schändlichkeit ist: Dein Karma ist unlösbar verbunden mit dem Großen Karma. Und um Erkenntnis zu erlangen, musst du sowohl die unreinen wie die reinen Daseinszustände durchlaufen. Bedenke also, dass das schmutzige Gewand, das du nicht berühren magst, gestern vielleicht das deine war, oder es morgen sein wird. Und wenn du dich voller Grauen abwendest, wenn es dir über die Schultern geworfen wird, dann umgibt es dich um so enger. Der Selbstgerechte bereitet sich ein Bett im Schmutz. Enthalte dich, weil es richtig ist, Enthaltsamkeit zu üben, nicht aber um deiner eigenen Reinheit willen.

6. Ertöte den Wunsch nach Sinnesleben.

7. Ertöte den Hunger nach Wachstum.

8. Aber bleib allein, sei auf dich selbst beschränkt! Denn nichts Körperliches,

nichts, das Getrenntsein empfindet, nichts, das nicht im Ewigen ist, kann dir helfen. Lerne von der Sinnlichkeit, beobachte sie, denn nur so kannst du den ersten Schritt zur Selbsterkenntnis machen. Wachse wie eine Blume, die unbewusst, aber mit drängendem Streben ihre Seele dem Licht öffnet. So musst auch du aufwärts strebend deine Seele dem Ewigen öffnen. Das Ewige aber muss deine Kraft und deine Schönheit bewirken, nicht dein Wunsch nach Wachstum. Durch ersteres entfaltest du dich in blühender Reinheit, durch das andere erstarrst du im gewaltsamen Begehren nach persönlichem Ansehen.

9. Begehre nur, was in dir ist.

10. Begehre nur, was jenseits deiner selbst ist.

11. Begehre nur das Unerreichbare.

12. Denn in dir ist das Licht der Welt - das einzige Licht, das den Pfad erleuchten kann. Wenn du es in dir nicht findest, ist es nutzlos, woanders danach zu suchen. Es ist jenseits deiner selbst - wenn du es erreichst, hast du dich selbst verloren. Es ist unerreichbar, denn immer weicht es zurück. Du kannst ein-

dringen in das Licht, aber die Flamme kannst du nie berühren.

13. Eifrig strebe nach Macht.

14. Unermüdlich begehre Frieden.

15. Vor allem begehre Besitz.

16. Aber dieser Besitz darf nur der reinen Seele gehören und ist damit gleichermaßen Besitz aller reinen Seelen. Deshalb ist es das wahre Besitztum des Ganzen - jedoch nur, wenn dieses Ganze vereinigt ist. Begehre jenen Besitz, der nur der reinen Seele gehören kann, auf

dass du Reichtum gewinnst für den vereinten Geist des Lebens, der dein einziges wahres Selbst ist. Der Frieden, den du begehren sollst, ist jener geheiligte Frieden, den nichts erschüttern kann, in welchem die Seele wächst gleich der heiligen Blume auf stillem See. Und die Macht, die der Jünger begehren soll, ist eine Macht, die ihn in den Augen der Menschen wie ein Nichts erscheinen lässt.

17. Suche den Weg.

So, wie sie da stehen, scheinen diese drei Worte beinahe überflüssig zu sein.

Der Jünger könnte denken: »Soll ich mich überhaupt mit diesem Gedanken befassen, da ich doch den Weg bereits suche?« Gehe jedoch nicht zu schnell darüber hinweg. Halte ein und bedenke: Ist es der Weg, den du ersehnst, oder hast du in deinen Visionen gewisse Vorstellungen von großen Höhen, die zu überwinden sind, von einer großen Zukunft, die du dir schaffen willst? Sei gewarnt. Um des Weges willen muss der Weg gesucht werden, nicht um der Füße willen, die ihn beschreiten wollen.

Es besteht eine Übereinstimmung zwischen dieser Regel und der 17. Regel des zweiten Teils (siehe Seite 55).

Wenn nach langen Zeitaltern des Ringens und vielen Siegen die letzte, entscheidende Schlacht gewonnen und das letzte Geheimnis erfragt worden ist, dann bist du bereit für einen weiteren Pfad. Wenn das letzte Geheimnis dieser großen Unterweisung enthüllt ist, dann liegt das Mysterium des neuen Weges offen - es ist ein Pfad, der hinwegführt von aller menschlichen Erfahrung, ein Pfad jenseits aller menschlichen Wahrnehmung und Vorstellungskraft. Man muss an jedem dieser Punkte lange und mit Bedacht verweilen. An jedem dieser Punkte muss man die Gewissheit haben, dass der Weg um seiner selbst willen gewählt wird. Zuerst der Weg und die Wahrheit, dann das Leben.

18. Suche den Weg durch Hinwendung nach innen.

19. Suche den Weg durch kühnen Vorstoß nach außen.

20. Suche ihn nicht nur in einer bestimmten Richtung. Für jede charakterliche Veranlagung scheint es zwar eine passende Richtung zu geben, aber der Weg kann nicht einseitig gefunden werden durch Hingebung oder frommes

Denken oder eifriges Streben oder aufopfernde Tätigkeit oder durch sorgfältige Betrachtungen über das Leben. Jede einzelne dieser Richtungen kann den Jünger nicht weiter als einen Schritt voranbringen. Alle diese Schritte sind notwendig, denn sie sind die Sprossen, die die Leiter bilden. Die Laster der Menschen sind, wenn sie überwunden werden, Sprossen der Leiter, eine nach der anderen - ebenso wie auch die Tugenden als Sprossen notwendig sind. Keinesfalls geht es ohne sie. Aber obwohl sie ein gutes Gefühl und eine glückliche Zukunft verheißen, sind sie, allein genommen, unnütz. Wer den Weg betreten will, muss alle Aspekte der menschlichen Natur klug einsetzen. Ganz eindeutig ist jeder Mensch für sich selbst der Weg, die Wahrheit und das Leben.

Aber er ist dies nur dann, wenn er seine ganze Individualität wirklich versteht und wenn er durch seine erwachende spirituelle Willenskraft erkennt, dass diese Individualität nicht sein Wesen ausmacht, sondern unter Schmerzen von ihm als ein Mittel erschaffen wurde, mit dessen Hilfe er - während seine Intelligenz durch sein Wachstum allmählich entwickelt wird - vorhat, das Leben jenseits der Individualität zu erreichen. Wenn er erkennt, dass sein wunderbares, komplexes Einzelleben zu diesem Zweck da ist, dann, und nur dann, ist er wirklich auf dem Weg.

Suche ihn, indem du zu dem geheimnisvollen und wunderbaren Mittelpunkt deines innersten Seins vorstößt. Suche ihn durch Prüfung all deiner Erfahrungen. Suche ihn durch den Gebrauch deiner Sinne, um Wachstum und Bedeutung der Individualität ebenso zu verstehen wie die Schönheit und die Unergründlichkeit jener anderen göttlichen Geschöpfe, die sich zusammen mit dir bemühen und die zum Menschengeschlecht gehören wie du. Suche ihn durch die Erforschung der Gesetze des

Seins, der Naturgesetze und der Gesetze des Übersinnlichen; und suche ihn, indem deine Seele sich tief verneigt vor jenem aufschimmernden Stern, der in dir ist. Bist du aufmerksam und andächtig, so erstrahlt sein Licht immer heller. So kannst du sicher sein, den Anfang des Weges gefunden zu haben. Wenn du dann sein Ende gefunden hast, wird das Licht des Sterns plötzlich zum Licht der Ewigkeit.

Anmerkung: Suche den Weg durch Prüfung all deiner Erfahrungen; aber wenn ich das sage, so heißt das nicht: »Gib den Versuchungen der Sinne nach, um sie zu erkennen.« Ehe du zum

Esoteriker wirst, kannst du das tun - aber danach nicht mehr. Sobald du entschlossen bist und den Pfad betrittst, kannst du dich von den Sinnen nicht mehr verführen lassen, ohne Schaden zu nehmen. Wohl aber kannst du die Verführungskraft der Sinne erkennen, kannst sie abwägen, beobachten und prüfen. Du kannst mit der Geduld deiner festen Überzeugung der Zeit harren, wenn sie dich nicht mehr berühren kann. Aber verurteile nicht jene, die schwach werden und nachgeben. Reiche deine brüderliche Hand diesen Pilgern, deren Füße verschmutzt und schwer geworden sind. Bedenke dies, o Jünger: Wie groß der Unterschied auch sein mag zwischen einem guten Menschen und einem Sünder, er ist größer zwischen dem guten Menschen und dem, der die Stufe der Erkenntnis erreicht hat; aber unermesslich groß ist er zwischen dem guten Menschen und jenem, der auf der Schwelle zur Göttlichkeit steht. Hüte dich also vor der übereilten Vorstellung, du stündest über den Massen. Sobald du den Anfang des Weges gefunden hast, wird der Stern deiner Seele sein Licht offenbaren, und in diesem Licht wirst du erkennen, wie groß die Dunkelheit ist, in der es leuchtet. Unklar und dunkel sind Sinn, Herz und Verstand, bis die erste Schlacht siegreich geschlagen ist. Sei nicht entsetzt und lasse dich durch diesen Anblick nicht abschrecken. Wenn du das schwache Licht nicht aus den Augen lässt, wird es stärker und heller. Durch die Dunkelheit in dir wird es dir möglich, die Hilflosigkeit jener

Menschen zu verstehen, die nie Licht gesehen haben, deren Seelen in undurchdringlicher Finsternis harren. Verurteile sie nicht, lasse sie nicht allein, sondern bemühe dich, etwas von dem schweren Karma dieser Welt mitzutragen. Unterstütze die wenigen starken Arme, die die Mächte der Dunkelheit an einem allumfassenden Sieg hindern. Dann wirst du Teil einer freudigen Gemeinschaft, in der es zwar Mühe und großes Leid, aber auch eine große und stetig wachsende Glückseligkeit gibt.

21. Erwarte das Blühen der Blume in der Stille, die dem Sturm folgt - nicht früher.

Schon während der Sturm tobt, während die Schlacht andauert, wird sie wachsen und sprießen, wird Zweige, Blätter und Knospen bilden. Aber ehe nicht die Persönlichkeit des Menschen völlig ausgelöscht ist, ehe nicht das Fragment des Göttlichen, das die Persönlichkeit schuf als einfaches Mittel zum Zweck ernster Versuche und Erfahrungen, sie zurückgenommen hat, ehe nicht alle Natur sich gefügig ihrem eigenen höheren Selbst unterworfen hat - nicht eher kann der Blütenkelch sich öffnen. Dann überkommt den gequälten Geist eine Ruhe, die der plötzlichen Stille nach einem tropischen Sturm gleicht, wo die Natur so geschwind ist, dass man ihr Wirken sehen kann.

In dieser tiefen Stille geschieht etwas Geheimnisvolles, wodurch du erkennst, dass der Weg gefunden ist. Gib diesem Geheimnisvollen einen beliebigen Namen. Nenne es eine Stimme, die spricht ohne Sprecher, einen Boten, der kommt ohne Form oder Substanz, oder nenne es den Blütenkelch deiner Seele, der sich geöffnet hat. Keine Metapher kann es beschreiben. Aber man kann danach tasten, kann es suchen und ersehnen, sogar im tobenden Sturm. Die Stille mag einen Augenblick nur oder ein Jahrtausend lang andauern. Aber zweifellos wird sie enden. Dennoch wird ihre Kraft dein bleiben. Wieder und wieder muss die Schlacht geschlagen und gewonnen werden. Nur für einen Moment kann die Natur still sein.

Anmerkung: Das Öffnen der Blüte ist der wunderbare Moment, wenn dein Wahrnehmungsvermögen erwacht; es gibt dir Zuversicht, Erkenntnis und Gewissheit. Der Moment der Ruhe in deiner Seele ist der Moment des Erstaunens, und der nächste Moment der Freude - das ist die Stille.

Sei gewiss, du Jünger, dass jene, die die Stille erfahren, die ihren Frieden und ihre Kraft bewahrt haben, sich danach sehnen, dass auch du sie erfahren sollst. Deshalb wird der Jünger, der imstande ist, die Halle des Lernens zu betreten, dort immer seinen Meister finden.

Jenen, die bitten, wird gegeben werden. Aber obwohl der gewöhnliche Mensch fortwährend bittet, wird seine Stimme nicht gehört. Denn er bittet nur mit seinem Verstand, und die Stimme des Verstandes kann nur dort gehört werden, wo der Verstand seinen Wirkungsbereich hat. Deshalb sage ich erst nach der 21. Regel, dass jenen, die bitten, gegeben wird.

Im esoterischen Sprachgebrauch bedeutet *lesen*, mit den Augen des Geistes zu lesen. Bitten bedeutet, einen inneren Hunger zu verspüren - ein Verlangen nach geistigem Streben. Lesen können bedeutet, dass man bis zu einem gewissen Grad die Fähigkeit hat, diesen Hunger zu stillen.

Wenn der Jünger bereit ist zu lernen, dann ist er angenommen, bestätigt und anerkannt. Es kann nicht anders sein, denn er hat seine Lampe angezündet, und dieses Licht bleibt nicht verborgen. Aber das Lernen ist nicht möglich, bis die erste große Schlacht gewonnen ist. Der Verstand mag Wahrheit erkennen können, aber der Geist kann sie nicht empfangen. Wenn der Sturm erst überstanden ist und Frieden herrscht, dann ist das Lernen immer möglich, auch wenn der Jünger schwankt, zögert oder sich ablenken lässt. Die *Stimme der Stille* bleibt erhalten in ihm, und selbst wenn er vom Pfad völlig abkäme, würde sie eines Tages neu erklingen, würde ihn zerreißen und seine Leidenschaften trennen von seinem göttlichem Wesen.

Deshalb sage ich: Friede sei mit dir. »Meinen Frieden gebe ich euch«, kann nur der Meister zu seinen geliebten Jüngern sagen, denn sie sind Ihm gleich. Es gibt Menschen, selbst unter jenen, die die östliche Weisheit nicht kennen, denen das gesagt werden kann, ja, denen es jeden Tag mit immer größerer Gültigkeit gesagt werden kann.

Folge den drei Wahrheiten[1]. Sie sind von gleicher Wichtigkeit.

Diese Regeln sind der Anfang jener Regeln, die geschrieben stehen an den

Wänden der Halle des Lernens. Wer bittet, wird erhalten. Wer zu lesen begehrt, wird lesen. Wer lernen will, wird lernen.

Friede sei mit dir.

1) Die drei Wahrheiten, die hier gemeint sind, sind im achten Kapitel des ebenfalls von Mabel Collins verfassten Buches *Das Lied vom weißen Lotus* wie folgt formuliert:
»Es gibt drei Wahrheiten, die absolut sind und niemals verloren gehen, die aber in Vergessenheit geraten können, wenn sie nicht ausgesprochen werden.
Die Seele des Menschen ist unsterblich und ihre Zukunft ist die eines Wesens, dessen Wachstum und Herrlichkeit keine Grenzen hat.
Die Urkraft, die das Leben gibt, wohnt in uns und außerhalb von uns. Sie ist unvergänglich und ewig Gutes wirkend. Sie ist unsichtbar und kann nicht mit körperlichen Sinnen wahrgenommen werden, aber der erkennt sie, der die Erkenntnis sucht.
Ein jeder Mensch gibt sich sein eigenes unverbrüchliches Gesetz. Er selbst bestimmt sein Los. Glück oder Elend, er selbst ist der Richter seines Lebens und gibt sich selber Lohn und Strafe.
Diese Wahrheiten sind so groß wie das Leben selbst - und doch so einfach wie das schlichteste Menschenherz. Gib sie zur Speise den Hungrigen.«

2

In der Stille, die Frieden ist, wird eine mächtige Stimme erschallen. Sie wird sagen: Es ist nicht gut; du hast geerntet, nun musst du säen. Und weil du weißt, dass diese Stimme die Stille selbst ist, wirst du gehorchen.

Nun, da du ein Jünger bist, da du stehen, hören, sehen und sprechen kannst, da du deine Begierden vernichtet und Selbsterkenntnis erlangt hast, da du deine Seele in ihrer Blüte gesehen und erkannt hast, da du die Stimme der Stille vernommen hast - gehe nun zur Halle des Lernens und lies, was dort für dich geschrieben steht.

Anmerkung: Die Fähigkeit zu stehen bedeutet Zuversicht; die Fähigkeit zu hören bedeutet, dass das Tor zur Seele geöffnet ist; die Fähigkeit des Sehens bedeutet, Wahrnehmungsvermögen erlangt zu haben; sprechen zu können drückt aus, dass die Fähigkeit erlangt wurde, anderen zu helfen; Begierde vernichtet zu haben bedeutet, dass Nutzung und Beherrschung des Selbst erlernt wurden; Selbsterkenntnis zu besitzen heißt, den Rückzug nach innen vollzogen zu haben, wodurch die Persönlichkeit des Menschen vorurteilsfrei betrachtet werden kann; deine Seele in ihrer Blüte gesehen zu haben, bedeutet die flüchtige innere Wahrnehmung jener Umwandlung, durch die du einst über dein Menschsein hinauswachsen wirst; sie erkannt zu haben bedeutet, dass die große Fähigkeit erlangt wurde, die Augen auf das blendend helle Licht zu richten, ohne sie zu schließen und ohne zurückzuschrecken wie vor einem schrecklichen Gespenst. Dies widerfährt so manchem, und dann ist der schon beinahe errungene Sieg verloren. Die Stimme der Stille zu hören, bedeutet die Einsicht, dass die einzige und wahre Führung aus dem Inneren kommt; zur Halle des Lernens zu gehen heißt, jenen Zustand zu erreichen, in dem das Lernen möglich wird. Es werden dort viele Wörter geschrieben stehen, deren feurige Buchstaben leicht für dich zu lesen sind. Denn wenn der Jünger bereit ist, ist auch der Meister bereit.

1. Beteilige dich nicht an der Schlacht; obwohl du kämpfst, sei nicht der Krieger.

2. Suche den Krieger; in dir lasse ihn kämpfen.

3. Nimm seine Befehle zum Kampf an und befolge sie.

4. Gehorche ihm nicht, als sei er ein Feldherr, sondern gehorche ihm, als sei er du selbst, und als seien seine Worte

Ausdruck deiner geheimsten Wünsche; denn du bist er, aber er ist unermesslich weiser und stärker als du. Suche ihn, sonst siehst du ihn nicht im fieberhaften Schlachtengetümmel, und er wird dich nicht erkennen, wenn du ihn nicht erkennst. Wenn dein Ruf sein lauschendes Ohr erreicht, dann wird er in deinem Inneren kämpfen und die dumpfe Leere in dir füllen. Wenn dies geschieht, dann überstehst du den Kampf gleichmütig und ohne zu ermüden, bleibst unbeteiligt und lässt ihn für dich kämpfen. Kein einziger deiner Schläge wird sein Ziel verfehlen. Wenn du ihn aber nicht suchst, wenn du ihn nicht erkennst, dann bist du schutzlos. Verwirrt und mit unsicherem Herzen bist du auf staubigem Schlachtfeld, deine Sinne versagen und du kannst Freund und Feind nicht unterscheiden.

Du selbst bist er, und doch bist du der Endlichkeit und dem Irrtum ausgeliefert. Er jedoch ist ewig und unfehlbar. Er ist die ewige Wahrheit. Sobald er in deinem Inneren ist, sobald er dein Krieger geworden ist, wird er dich nie wieder verlassen, und am Tage des großen Friedens wird er sich mit dir vereinen.

5. Lausche dem Lied des Lebens.

Anmerkung: Suche danach und lausche dem Lied zuerst in deinem eigenen Herzen. Anfangs meinst du vielleicht, es sei nicht da: »Wenn ich suche, höre ich nur Missklang.« Suche tiefer. Wirst du wieder enttäuscht, halte ein und suche dann noch tiefer. In jedem menschlichen Herzen klingt eine natürliche Melodie, entspringt eine geheimnisvolle Quelle. Sie mag verborgen, ganz versteckt und still sein - aber vorhanden ist sie. Im Urgrund deines Wesens findest du Glauben, Hoffnung und Liebe. Wer sich für das Böse entscheidet, ist nicht bereit, auf seine innere Stimme zu hören, er verschließt sein Ohr der Melodie seines Herzens, macht sein Auge blind für das Licht seiner Seele.

Er tut dies, weil es ihm leichter fällt, seinen Begierden zu leben. Aber unter allem Leben fließt der starke Strom, der nicht aufzuhalten ist - dort sind sie wirklich, die mächtigen Wasser. Finde sie - dann wirst du merken, dass jeder, auch der Geringste unter den Geschöpfen, ein Teil davon ist, wie sehr er sich dieser Tatsache auch verschließen und sich eine trügerische äußere Schreckensgestalt erschaffen mag. In diesem Sinne ist meine Aussage gemeint, dass alle Wesen, die sich - ebenso wie du - empor ringen, Geschöpfe des Göttlichen sind. Die Täuschung, in der du lebst, ist so trügerisch, dass es schwierig ist zu erraten, wo du die feine Stimme in den Herzen anderer zuerst entdecken wirst. Aber du kannst sicher sein, dass sie in dir selbst vorhanden ist. Suche sie dort, und wenn du sie gehört hast, wirst du sie leichter auch in deiner Umgebung erkennen.

6. Bewahre in deinem Gedächtnis die Melodie, die du hörst.

7. Erlerne durch sie die Lehre der Harmonie.

8. Aufrecht stehst du nun, wie ein Fels in der Brandung, gehorsam dem Krieger, der dein König ist und der du selbst bist. Unbeteiligt am Kampf, aber bereit, seinen Weisungen zu folgen, ohne Sorge um den Ausgang des Kampfes - denn

wichtig ist nur der Sieg des Kriegers, und du weißt, er kann nicht verlieren. So stehst du kühl und hellwach und musst nun dein durch Schmerzen und durch die Zerstörung der Schmerzen gewonnenes Hörvermögen nutzen. Nur Bruchstücke der großen Melodie erreichen dein Ohr, solange du nur Mensch bist. Doch was du hörst, bewahre getreulich in der Erinnerung, auf dass nichts verloren gehe, und bemühe dich, die Bedeutung des dich umgebenden Geheimnisses zu verstehen. Die Zeit wird kommen, da du keinen Lehrer mehr benötigst. Denn so wie der Einzelne eine Stimme hat, so hat auch das Stimme, worin der Einzelne existiert. Das Leben selbst hat Sprache, es ist nie stumm. Und sein Tönen ist kein Schrei, wie du in deiner Taubheit vermutest, sondern ist Gesang! Nun erkenne, dass du selbst ein Teil der Harmonie bist. Lerne, die Gesetze dieser Harmonie zu befolgen.

9. Betrachte ernsthaft das Leben, das dich umgibt.

10. Lerne, verständnisvoll in die Herzen der Menschen zu blicken.

Anmerkung: Schaue von einem vollkommen unpersönlichen Standpunkt aus, sonst ist dein Blick getrübt. Deshalb muss zuerst die Bedeutung von Unpersönlichkeit verstanden werden.

Einsicht ist unparteiisch: Kein Mensch ist dein Feind, kein Mensch ist dein Freund. Alle sind gleichermaßen deine Lehrer. Dein Feind wird zum Geheimnis, das ergründet werden muss, selbst wenn das sehr lange dauert - denn der Mensch muss verstanden werden. Dein Freund wird ein Teil von dir, wird eine Erweiterung deiner selbst, ein schwer zu lösendes Rätsel. Nur dein eigenes Herz ist noch schwerer zu ergründen. Erst wenn die Fesseln der Persönlichkeit gelöst sind, kannst du beginnen, das tiefe Geheimnis des Selbst zu verstehen. Ehe du dich von ihm nicht entfernt hast, wird es sich deinem Verständnis auf keinem Fall offenbaren.

Dann, erst dann, kannst du es verstehen und führen. Dann, erst dann, kannst du alle seine Stärken einsetzen, um sie in den Dienst einer guten Sache zu stellen.

11. Am ernsthaftesten aber betrachte dein eigenes Herz.

12. Denn durch dein eigenes Herz nur strahlt das eine Licht, das das Leben erleuchtet und es für dein Auge klar erkennbar macht.

Ergründe der Menschen Herzen, damit du die Welt, in der du lebst und an der du teilhaben willst, verstehst. Nimm wahr die ständige Veränderung des dich umgebenden Lebens, denn es sind Menschenherzen, die es gestalten, und durch dein wachsendes Verständnis ihrer Beschaffenheit und Bedeutung wirst du schrittweise lernen, das höhere Wort des Lebens zu lesen.

13. Sprache entsteht nur durch Erkenntnis. Wenn du Erkenntnis gewinnst, gewinnst du Sprache.

Anmerkung: Du kannst anderen nicht helfen, ehe du selbst Gewissheit hast. Erst wenn du die ersten 21 Regeln erlernt und die Halle des Lernens mit entwickelten Kräften und befreiten Sinnen betreten hast, wirst du in deinem Inneren den Quell entdecken, dem Sprache entspringt.

Nach der 13. Regel gibt es keine weiteren Worte, die ich dem bereits Gesagten hinzufügen kann.

Meinen Frieden gebe ich dir.

Diese Anmerkungen sind nur für jene bestimmt, denen ich meinen Frieden gebe, für jene, die das, was ich geschrieben habe, sowohl mit ihrer inneren als auch mit ihrer äußeren Wahrnehmung erfassen können.

14. Du beherrschst den Gebrauch deiner inneren Sinne, hast die Begierden der äußeren Sinne besiegt, hast die Begierden deiner eigenen Seele bezwun-

gen, du hast Erkenntnis erlangt - bereite dich nun darauf vor, du Jünger, den Weg wirklich zu beginnen. Der Pfad wurde gefunden: sei bereit, ihn zu betreten.

15. Frage Erde, Luft und Wasser nach den Geheimnissen, die sie bereit halten für dich.

Durch die Entfaltung deiner inneren Sinne kannst du dies tun.

16. Frage die Heiligen dieser Erde nach den Geheimnissen, die sie bereit halten für dich.

Dein Sieg über die Begierden der äußeren Sinne gibt dir das Recht, dies zu tun.

17. Frage das Innerste, das Eine, nach seinem letzten Geheimnis, das es durch alle Zeiten bereit hält für dich.

Der große, schwer errungene Sieg, der Sieg über die Begierden deiner eigenen Seele, ist das Werk von Jahrtausenden. Erwarte deshalb nicht, dass die Früchte dieses Sieges dein sind, bevor du Jahrtausende lang durch Erfahrungen gereift bist. Wenn die Zeit gekommen ist, wo diese siebzehnte Regel erlernt wird, beginnt der Mensch, über sein Menschsein hinauszuwachsen.

18. Die Erkenntnis, die du nun erreicht hast, ist nur dein durch das Einswerden

deiner Seele mit allen reinen Seelen und mit dem Innersten. Es ist ein Gut, das der Höchste dir anvertraut. Doch wenn du dieses Vertrauen enttäuschst, wenn du deine Erkenntniskraft missbrauchst oder vernachlässigst, dann ist dein Sturz von der erreichten Höhe immer noch möglich. Sogar Erhabene, die die Schwelle schon erreichten, blieben zurück, außerstande, die Last der Verantwortung zu ertragen, zu schwach zum Weiterschreiten. Blicke darum mit ehrfürchtiger Scheu und Zittern diesem Augenblick entgegen und rüste dich für die Schlacht.

Es steht geschrieben, dass es weder

Richtlinie noch Führung geben kann für jene, die an der Schwelle zur Göttlichkeit stehen. Doch zur Unterstützung des Jüngers kann das letzte Ringen so beschrieben werden:

19. Halte fest an dem, was weder Substanz noch Existenz hat.

20. Lausche nur der lautlosen Stimme.

21. Blicke nur auf das dem inneren und dem äußeren Sinn gleichermaßen Unsichtbare.

Friede sei mit dir.

ERLÄUTERUNGEN DER AUTORIN

»EHE DAS AUGE SEHEN KANN, DARF ES DER TRÄNEN NICHT MEHR FÄHIG SEIN.«

Die Leser dieses Buches müssen sich im Klaren darüber sein, dass es zwar offensichtlich etwas Weisheit, aber kaum Verständliches für diejenigen enthält, die meinen, es sei in unserer Alltagssprache geschrieben. Für solche Leser wäre es sozusagen nicht Kaviar, sondern eine versalzene Speise. Sie seien also gewarnt und sollten es nicht in diesem äußeren Sinn lesen.

Es gibt eine andere Art zu lesen - bei vielen Autoren in der Tat die einzig gewinnbringende - nämlich das Lesen nicht zwischen den Zeilen, sondern das Lesen innerhalb der Wörter. Tatsächlich handelt es sich um das Entschlüsseln einer tiefgründigen Chiffre oder Geheimschrift. Alle alchimistischen Werke sind in einer solchen Geheimschrift verfasst, und die großen Weisen und Dichter haben sie von jeher benutzt. Eingeweihte verwenden sie im täglichen Leben und in ihrer Wissenschaft, wobei sie nur scheinbar ihr tiefstes Wissen verkünden, dessen wirkliches Geheimnis aber in den zu seiner Darstellung benutzten Wörtern verbergen. Mehr können sie nicht tun. Denn ein

Gesetz der Natur verlangt, dass der Mensch diese Geheimnisse selbst entschlüsseln muss. Es gibt keine andere Methode zum Erreichen ihrer Kenntnis. Will ein Mensch leben, so muss er seine Nahrung selbst zu sich nehmen - dies ist ganz einfach das Gesetz der Natur, das auch das höhere Leben betrifft. Wer in diesem höheren Bereich leben und handeln will, kann nicht erwarten, wie ein Kleinkind gefüttert zu werden; er muss sich selbst ernähren.

Ich möchte hier Teile von *Licht auf den Pfad* in neuer und gelegentlich einfacherer Sprache erklären; ob dieser Versuch wirklich zur Erläuterung dienen wird, weiß ich jedoch nicht. Einem Taubstummen kann eine Wahrheit nicht dadurch verständlicher gemacht werden, dass irgendein fehlgeleiteter Sprachexperte ihren Wortlaut in sämtliche lebenden und toten Sprachen übersetzt und sie dann dem armen Taubstummen ins Ohr schreit. Aber denjenigen, die nicht taubstumm sind, fällt normalerweise eine bestimmte Sprache leichter als andere. Sie sind es, an die ich mich hier wende.

Gleich die ersten Aphorismen von *Licht auf den Pfad,* aufgeführt im ersten Teil, sind, das weiß ich nur zu gut, selbst denen verschlossen geblieben, die den Absichten des Buches ansonsten folgen konnten.

Es gibt vier erprobte und eindeutige Wahrheiten, die am Anfang des geistigen Weges zu berücksichtigen sind. Die Goldene Pforte schützt seine Schwelle. Trotzdem durchschreiten manche diese Pforte und entdecken die jenseitige Vollkommenheit und Unermesslichkeit. In den Fernen zukünftiger Zeiten werden alle diese Pforte durchschreiten. Aber ich gehöre zu denen, die sich wünschen, dass Zeit, diese große Täuschung, nicht so übermächtig wäre. Jenen, die sie kennen und lieben, habe ich nichts zu sagen; aber für die anderen - und davon gibt es nicht wenige - , die Zeit wie einen Hammerschlag und Raum wie einen eisernen Käfig empfinden, möchte ich übersetzen und immer wieder übersetzen, bis sie alles verstanden haben.

Die vier Wahrheiten auf der ersten Seite von *Licht auf den Pfad* beziehen sich auf die Einweihungsprüfung des geistigen Suchers. Solange er diese nicht bestanden hat, ist es ihm nicht einmal möglich, den Riegel der Pforte, die zur Erkenntnis führt, zu erreichen. Erkenntnis ist des Menschen höchstes Gut; weshalb sollte er also nicht auf jede nur mögliche Art und Weise versuchen, sie zu erlangen? Das Labor ist nicht der einzige Ort für Experimente. Die Wissenschaft befasst sich nicht nur mit Materie, bis hin zu ihren feinsten und verborgensten Formen, sondern schließt alle Arten des Wissens ein. Natürlich sind die Entdeckungen der Naturwissenschaften äußerst interessant, aber es gibt auch andere Arten der Erkenntnis, und nicht alle Menschen beschränken sich in ihrem Wissensdurst auf Experimente, deren Resultate durch unsere physischen Sinne nachvollziehbar sind.

Jeder Mensch, der nicht unter geistiger Trägheit leidet oder durch Laster abgestumpft ist, kann sich vorstellen oder hat gar schon gelegentlich mit einiger Sicherheit feststellen können, dass sich innerhalb unserer physischen Sinne subtilere Wahrnehmungsmöglichkeiten verbergen. Daran ist nichts Ungewöhnliches. Könnten wir die Natur selbst in den Zeugenstand rufen, so fänden wir schnell heraus, dass alle mit dem gewöhnlichen Auge wahrgenommenen Dinge in sich verborgen etwas noch Wichtigeres besitzen. Das Mikroskop hat uns eine neue Welt eröffnet, aber innerhalb des Bildes, das es enthüllt, liegt ein Mysterium, das keine Technologie ergründen kann.

Die ganze Welt, einschließlich ihrer dichtesten materiellen Formen, wird belebt und erhellt von einer anderen, in ihr befindlichen Welt. Diese innere Welt wird oft »astral« oder »Astralebene« genannt - das ist eine Bezeichnung, die so gut wie jede andere ist - , und bedeutet nichts weiter als »sternartig«. Aber die Sterne sind, wie John Locke erklärt hat, leuchtende Körper, die von sich aus Licht abgeben. Diese Eigenschaft charakterisiert das in der Materie befindliche Leben - wer es sehen kann, braucht kein künstliches Licht, um es erkennen zu können. Außerdem ist das Wort »Stern« mit dem angelsächsischen »stir-an« verwandt, d.h. steuern, bewegen, und ohne Zweifel ist es das innere Leben, das das äußere steuert, geradeso wie das Gehirn des Menschen die Bewegungen seiner Lippen führt. Obwohl also das Wort »astral« an sich kein besonders treffender Ausdruck ist, will ich es für die Zwecke dieses Buches verwenden.

Licht auf den Pfad ist ausschließlich in astraler Chiffre geschrieben und kann deshalb nur von jemandem entschlüsselt werden, der astral lesen kann. Und seine Lehren befassen sich hauptsächlich mit der Entwicklung und Ausbildung des astralen Lebens. Bis der erste Schritt in dieser Entwicklung getan ist, ist die unmittelbare Erkenntniserfahrung, auch »unfehlbare Intuition« genannt, dem Menschen unmöglich. Und diese unfehlbar sichere Intuition ist die einzige Erkenntnismöglichkeit, durch die der Mensch in der Lage ist, ohne Unterlass, innerhalb der Grenzen seines bewussten Strebens, hinzuarbeiten auf seine wahre geistige Stellung. Durch Versuch und Irrtum, durch Experimente Erkenntnis zu erlangen, ist als Methode zu umständlich für Menschen, die wirklich handeln wollen. Wer durch unfehlbare Intuition weiterkommt, nutzt ihre verschiedenen Formen mit größter Schnelligkeit, durch unbeirrbare Willensanstrengung, gleich einem Handwerker, der seine Werkzeuge ergreift, ohne sich aufzuhalten bei Gedanken über ihre Last oder andere Schwierigkeiten auf seinem Weg. Er wartet nicht, um Ergebnisse zu prüfen, sondern nutzt ohne Umschweife, was er als geeignet erkennt.

Alle in *Licht auf den Pfad* enthaltenen Regeln richten sich an alle Jünger - aber auch ausschließlich an sie -, das heißt an alle, die Erkenntnis suchen. Die Gesetze dieser »Schule« sind nur für ihre Schüler maßgeblich und nützlich, für niemanden sonst.

Ich sage allen, die sich ernsthaft für geistige Wahrheiten interessieren - mehr als alles andere trachte nach Erkenntnis. Wer hat, dem wird gegeben. Warten ist nutzlos. Der Schoß der Zeit würde sich vor euch verschließen und in fernen Tagen würdet ihr ungeboren bleiben und machtlos. Deshalb sage ich allen, die nach Erkenntnis dürsten, befolgt diese Regeln. Sie sind nicht mein Werk, nicht meine Erfindung. Sie sind nur die in Worte gefassten Gesetze der übersinnlichen Natur, sind sprachlicher Ausdruck von Wahrheiten, die in ihrer eigenen Sphäre ebenso unverrückbar Gültigkeit haben wie die Gesetze unserer Erde und ihrer Atmosphäre. Die Sinne, die in diesen vier Aussagen gemeint sind, sind die astralen bzw. inneren Sinne.

Niemand verspürt den Wunsch, jenes die raumlose Seele erleuchtende Licht zu sehen, bevor Schmerz, Trauer und Verzweiflung ihn dem menschlichen Alltagsleben entfremdet haben. Zuerst verliert er sich in Sinnesfreuden, dann in Schmerzen - bis er endlich der Tränen nicht mehr fähig ist.

Es ist dies eine unzweifelhafte Wahrheit, aber ich weiß genau, dass sie vehement abgestritten wird von vielen Menschen, die dem aus der inneren Welt hervorgehenden Denken wohlwollend gegenüberstehen. Mit dem astralen Sehvermögen *sehen* zu können, ist eine Tätigkeit, die nicht ohne weiteres leicht zu verstehen ist. Ein Wissenschaftler weiß sehr wohl, welches Wunder ein Kind vollbringt, wenn es nach der Geburt seine Sehkraft erringt und diese den Befehlen des Gehirns unterwirft. Mit jedem der anderen Sinne geschieht sicherlich ein vergleichbares Wunder, aber dieses Einrichten der Sehkraft ist wahrscheinlich die erstaunlichste Leistung von allen. Und doch wird diese Leistung fast unbewusst, nämlich dank einer durch Vererbung vorhandenen Kraft vollbracht. Niemand erinnert sich jedoch, eine solche Leistung erbracht zu haben, so wenig wie wir uns an die einzelnen Bewegungen erinnern können, mit denen wir vor einem Jahr einen Berg erklimmen konnten. Das ist in der Tatsache begründet, dass unser Dasein, unser Leben, unsere Bewegungen auf der materiellen Ebene stattfinden und dieses Wissen intuitiv geworden ist.

Ganz anders ist es mit unserem astralen Leben. Seit Urzeiten kümmert sich der Mensch sehr wenig darum, so wenig, dass ihm der Gebrauch seiner Sinne praktisch verlorengegangen ist. Zwar steigt der Stern in jeder Zivilisation empor und der Mensch bekennt sich, mehr oder weniger töricht, mehr oder weniger verwirrt, zum Wissen um sein Sein, aber meistens verneint er dieses Wissen und wird, bedingt durch seinen Materialismus, jenes seltsame Phänomen, ein Wesen, das sein eigenes Licht nicht sehen kann, ein Geschöpf des Lebens, das nicht lebt, ein astrales Tier mit Augen, Ohren, Sprache und Macht - mit Gaben, von denen es keinen Gebrauch macht. Weil das so ist und weil seither diese Dummheit so tief verwurzelt ist, sieht der Mensch solange nicht mehr mit seiner inneren Sehkraft, bis durch diesen Zerfall seine physischen Augen nicht nur blind geworden, sondern auch ohne Tränen - das Nass des

Lebens - sind. Der Tränen nicht mehr fähig zu sein bedeutet, sich der einfachen menschlichen Natur gestellt und sie besiegt zu haben sowie eine durch keine persönlichen Empfindungen zu erschütternde Ausgeglichenheit erlangt zu haben. Dieser Zustand bedeutet jedoch weder Hartherzigkeit noch Gleichgültigkeit, auch nicht das Ende der Leidensfähigkeit, wenn die leidende Seele machtlos scheint, noch größeren Schmerz zu ertragen; der Zustand bedeutet ebenso wenig die Empfindungslosigkeit des Alters, wenn Gefühle dumpf werden, weil die mit ihnen harmonisierenden Saiten ihre Spannkraft verloren haben. Keiner dieser Zustände ist eines Jüngers würdig. Sollte auch nur einer in ihm vorhanden sein, so muss er ihn bezwingen, wenn er den Pfad betreten will. Hartherzigkeit ist eine Eigenschaft selbstsüchtiger Menschen, denen die Pforte ewig verschlossen bleibt. Gleichgültigkeit ist eine Eigenschaft von Narren und falschen Weisen - von jenen, die durch ihre Beliebigkeit nicht mehr als Marionetten sind, zu schwach, das tägliche Leben zu meistern. Wenn die Fähigkeit zu leiden durch Schmerz oder Kummer abgestumpft worden ist, tritt eine Lethargie ein, wie sie oft dem Alter zu eigen ist. Ein derartiger Zustand verwehrt den Zugang zum Pfad, denn der erste Schritt ist besonders schwierig, und nur der Starke, der im Vollbesitz seiner psychischen und physischen Kräfte ist, kann ihn meistern.

Edgar Allan Poe hat gesagt, dass unsere Augen die Fenster der Seele sind, und das ist wahr, sie sind Fenster in jenem verwunschenen Schloss, in dem die Seele wohnt. Dies ist die bestmögliche Übertragung der Bedeutung des Textes in die gewöhnliche Sprache des Menschen. Wenn Kummer, Verzweiflung, Enttäuschung oder Vergnügen die Seele so erschüttern können, dass sie den festen Halt verliert, den ihr der ruhige, sie belebende Geist gewährt, und das Nass des Lebens hervorströmt und Erkenntnis durch Sinnlichkeit überflutet, dann verschwimmt alles, denn die Fenster sind verdunkelt, das Licht ist nutzlos. Das ist buchstäblich wahr; ebenso wie es Tatsache ist, dass ein am Abgrund stehender Mensch sicherlich abstürzt, wenn er durch eine plötzliche Erregung seine Fassung verliert. Das Gleichgewicht des Körpers muss durch das uns von der Natur gegebene Gesetz der Schwerkraft bewahrt bleiben, nicht nur in gefährlicher Höhe, sondern selbst am Boden. Das gilt auch für die Seele, dieses Glied, das den physischen Körper mit dem jenseitigen Licht des Geistes verbindet, dem göttlichen Funken, dessen Heimat jene Stille ist, in der keine Erschütterung der Natur die erhabene Ruhe stören kann - das ist ewiglich so. Aber die Seele kann diesen Halt und die Erkenntnis, die sie darüber besitzt, verlieren, obwohl beide Teil des einen Ganzen sind; und nur durch Gemütsbewegung, durch Sinnlichkeit, wird dieser Halt gelöst. Die Empfindungen von Freude oder Schmerz verursachen intensive Schwingungen, die im Bewusstsein des Menschen Leben bedeuten. Diese Sensibilität wird nicht geringer, wenn der Jünger seine Schulung beginnt - sie wird größer. Sie ist die erste Prüfung seiner Stärke; er muss Leid und Freuden intensiver als andere Menschen empfinden und ertragen, obwohl er sich einer Pflicht unterworfen hat, die es für andere nicht gibt, nämlich der Verpflichtung, sich nicht durch diese Empfindungen von seinem erklärten Ziel abbringen zu lassen. Ja, er muss sich schon beim ersten Schritt fest in der Gewalt haben, sich selbst die Zügel anlegen, denn niemand kann ihm dies abnehmen.

Die ersten vier Aphorismen in *Licht auf den Pfad* befassen sich ausschließlich mit der astralen Entwicklung. Erst wenn diese Entwicklung bis zu einem gewissen Grad stattgefunden hat, das heißt erst, wenn sie ohne Einschränkung begonnen wurde, kann der Rest des Buches dem Leser auch über die rein intellektuelle Aufnahme hinaus verständlich sein, kann es tatsächlich als praktische, nicht als metaphysische Anleitung gelesen werden.

In einer der großen mystischen Bruderschaften gibt es vier zu Beginn des Jahres stattfindende Zeremonien, die diese Aphorismen in der Praxis illustrieren und erklären. Es sind Zeremonien, an denen nur Novizen teilnehmen, denn es wird nur ihr Eintritt zelebriert. Aber wie ernst der Beginn der Jüngerschaft ist, wird klar, wenn man weiß, dass es sich hierbei ausschließlich um Opferzeremonien handelt. Die erste ist die, von der ich schon sprach. Empfindungen größter Freude, bittersten Schmerzes, von Verlust und Verzweiflung quälen die bebende Seele, denn sie hat noch kein Licht in der Dunkelheit gefunden, ist so hilflos wie ein Blinder - bis diese Schrecken ohne Verlust des Gleichgewichts ertragen werden können, bleiben die astralen Sinne verschlossen. Es ist dies ein barmherziges Gesetz. »Medien« und »Spiritisten«, die ohne Vorbereitung in die übersinnliche Welt einbrechen, verstoßen gegen die Gesetze der übersinnlichen Natur. Wer die Gesetze der Natur bricht, verliert seine körperliche Gesundheit; wer die Gesetze des inneren Lebens bricht, verliert seine psychische Gesundheit. »Medien« werden geistesgestört, selbstmörderisch, werden zu armseligen Kreaturen ohne Moral und werden oft zu Ungläubigen und Zweiflern sogar an dem, was sie mit ihren eigenen Augen sehen. Der Jünger muss Meisterschaft über sich selbst haben, ehe er sich auf den gefahrvollen Pfad begeben und versuchen kann, auf jene Wesen zu treffen, die in der astralen Welt leben und wirken, die wir wegen ihrer hohen Erkenntnisfähigkeit und ihrer Fähigkeit, sich selbst und die sie umgebenden Mächte zu beherrschen, Meister nennen.

Gibt sich die Seele den Sinneswahrnehmungen hin anstatt der Erkenntnis, dann befindet sie sich in einem Zustand der Schwingung, des Wechsels, anstatt der Festigkeit. Diese sprachliche Darstellung kommt dem tatsächlichen Zustand am nächsten, entspricht aber nur dem intellektuellen Begriffsvermögen, nicht dem intuitiven. Für diesen Teil des menschlichen Bewusstseins bedarf es einer anderen Ausdrucksweise. Die Vorstellung von »Festigkeit« sollte vielleicht übertragen werden als »Heim« oder »heimisch«, denn die Sinneswahrnehmung kennt kein permanentes Heim, weil Wechsel das Gesetz des Schwingungszustandes ist. Der Jünger muss diese Tatsache zuallererst lernen. Es ist nutzlos, innezuhalten und über den durch Bewegung entstandenen Verlust einer bestimmten Bildkonstellation in einem Kaleidoskop zu trauern.

Es ist eine bekannte Tatsache, die z.B. Bulwer Lytton überzeugend dargestellt hat, dass den Anfänger auf dem geistigen Weg als erste Erfahrung eine unerträgliche Traurigkeit überfällt. Er hat ein Gefühl der Leere, sieht die Welt als Einöde und das Leben als Kraftvergeudung. Es ist dies die Folge seiner ersten ernsthaften Kontemplation des Abstrakten. Im Erschauen, bereits im Versuch, das unaussprechliche Geheimnis seiner eigenen höheren Natur zu erblicken, führt er seine erste Prüfung herbei. Vielleicht nur für einen Moment hört die Schwankung zwischen Freude und Schmerz auf, aber dieser Moment genügt, um ihn von seiner Verankerung in der Welt der Sinne zu lösen. Er hat, wenn auch nur ganz kurze Zeit, das höhere Leben erfahren. In seiner weltlichen Existenz lebt er nun mit dem niederdrückenden Gefühl der Unwirklichkeit, der blanken, schrecklichen Leere. Dies war der Alptraum, der den Novizen in Bulwer Lyttons *Zanoni* heimsuchte, und sogar Zanoni selbst, der große Wahrheiten gelernt hatte, dem große Macht gegeben worden war, selbst er hatte jene Schwelle noch nicht überschritten, wo Furcht und Hoffnung, Verzweiflung und Freude scheinbar absolut wirklich, im nächsten Moment aber nichts mehr als Wahnvorstellungen sind.

Das Leben selbst ist es, das uns diese erste Prüfung auferlegt; denn schließlich ist das Leben unser großer Lehrmeister. Ihm wenden wir uns zu, um es zu erforschen, nachdem wir gelernt haben, es zu beherrschen, gerade so wie ein Wissenschaftler in seinem Labor mehr lernt als ein Schüler. Es gibt Menschen, die dem Tor zur Erkenntnis schon so nahe sind, dass das Leben selbst sie darauf vorbereitet, weshalb die Anrufung des entsetzlichen Hüters der Schwelle unnötig ist. Natürlich gehört eine unermüdliche und kraftvolle Konstitution dazu, die intensivste Freuden ertragen kann - ebenso wie den Schmerz, der unweigerlich folgt und seine ernste Pflicht erfüllt. Eine solche Natur ist höchstem Leid ausgesetzt, bis sie endlich aus der Betäubung ihres Bewusstseins erwacht und durch die Stärke ihrer inneren Lebenskraft die Schwelle überschreitet - in ein Land des Friedens. Nun verlieren die Schwingungen des Lebens ihre tyrannische Gewalt. Die sensible Natur muss zwar noch immer leiden, aber die Seele ist befreit, und losgelöst führt sie das Leben hin zu ihrer Erhabenheit. Jene, die in der Dimension der Zeit leben und langsam deren Räume durchlaufen, machen eine große Zahl von Sinnesempfindungen durch und sind ohne Unterlass einem Durcheinander von Freude und Schmerz ausgesetzt. Sie wagen es nicht, das Selbst wie eine Schlange zu ergreifen und zu besiegen - wodurch sie göttlich würden; sie ziehen es vor, durch vielseitige Erfahrungsabläufe vergrämt zu werden und Schläge von gegnerischen Kräften zu erdulden.

Wenn sich jemand, der der Zeit unterliegt, entscheidet, den geistigen Pfad zu betreten, so ist dies seine erste Aufgabe: Wenn das Leben es ihn nicht gelehrt hat und wenn er nicht stark genug ist, sein eigener Lehrer zu sein, und wenn er die Macht hat, die Hilfe eines Meisters zu begehren, dann wird ihm die schreckliche Prüfung auferlegt, die in *Zanoni* beschrieben wird. Das Auf und Ab seines Lebens kommt für einen Augenblick zum Stillstand; und er muss den Schock ertragen können, wenn er mit etwas konfrontiert ist, das ihm auf den ersten Blick wie der Abgrund des Nichts erscheint. Erst wenn er gelernt hat, in diesem Abgrund zu leben, wird es möglich sein, dass sein Auge der Tränen nicht mehr fähig ist.

»EHE DAS OHR HÖREN KANN, MUSS ES SEINE EMPFINDLICHKEIT VERLOREN HABEN.«

Zweifellos sind die ersten vier Regeln in *Licht auf den Pfad,* mit einer einzigen Ausnahme, die wichtigsten des ganzen Buches - so seltsam diese Behauptung auch klingen mag. Sie sind deshalb so wichtig, weil sie das unabdingbare Gesetz, den reinen schöpferischen Kern des astralen Menschen enthalten. Die darauf folgenden Regeln sind auch nur für das astrale (bzw. sich selbst erleuchtende) Bewusstsein von konkreter Bedeutung. Nachdem die astralen Sinne entwickelt worden sind, ist ihre Nutzung nur noch eine Frage der Zeit, und die späteren Regeln sind lediglich Anleitungen zum Gebrauch dieser Sinne. Ich versuche hier natürlich nur auszudrücken, dass die ersten vier Regeln von Wichtigkeit und Interesse für Leser des gedruckten Wortes sind. Stehen sie jedoch gemeißelt im Herzen und Leben des Menschen, dann sind die weiteren Regeln unweigerlich weit mehr als nur ungewöhnliche und interessante esoterische Behauptungen; sie sind dann wirkliche Tatsachen, die verstanden und erfahren werden müssen.

In jeder Loge einer bestehenden Bruderschaft stehen die vier Regeln in der Großen Halle geschrieben. Ob der Mensch im Begriff steht, seine Seele dem Teufel zu verkaufen, wie Faust, ob er im Kampf unterliegen wird wie Hamlet, oder ob er im inneren Bereich weitergeht - diese Worte sind in jedem Fall für ihn bestimmt. Der Mensch kann wählen zwischen Tugend und Laster, aber erst wenn er gereift ist; weder ein kleines Kind noch ein wildes Tier sind zu dieser Wahl fähig. Das betrifft auch den Jünger, er muss zuerst Jünger sein, bevor er die Pfade, die ihm zur Wahl stehen, überhaupt sehen kann. Die Mühe, sich selbst zum Jünger zu wandeln, diese neue Geburt, muss er allein auf sich selbst gestellt und ohne Lehrer unternehmen. Solange er die vier Regeln nicht erlernt hat, kann ihm kein Lehrer von Nutzen sein; und das ist der Grund, weshalb auf die Meister so Bezug genommen wird, wie in diesem Buch geschehen und nicht anders. Kein Meister, ob ein Adept der Macht, der Liebe oder der Finsternis, kann den Menschen beeinflussen, der die vier Regeln noch nicht beherrscht. Tränen, hatte ich gesagt, sind das »Nass des Lebens«. Die Seele muss sich von der Gefühlswelt der Menschheit befreit haben, muss eine

Ausgewogenheit besitzen, die durch kein Unglück erschüttert werden kann, erst dann kann sie ihren Blick auf die übermenschliche Welt richten.

Die Stimme der Meister ist immer in unserer Welt, obwohl nur derjenige sie hören kann, dessen Ohr für die Töne des persönlichen Lebens nicht mehr empfänglich ist. Ein Lachen erfreut das Herz nicht mehr, Zorn verdrießt es nicht mehr, liebevolle Worte verschaffen ihm keine Linderung mehr. Denn das Innere, für welches das Ohr wie eine Pforte nach außen ist, ist eine unberührte Weite des Friedens, der von keinem Menschen gestört werden kann.

Wie die Augen das Fenster der Seele sind, so sind die Ohren ihre Pforte. Über sie dringt Wissen über die Verwirrungen der Welt ins Bewusstsein. Die Großen, die sich das Leben unterworfen haben und mehr als Jünger geworden sind, stehen jedoch friedvoll und unbewegt inmitten der Erschütterungen und kaleidoskopartigen Beweglichkeit der Menschheit. In ihrem Inneren ist sichere Erkenntnis ebenso wie vollendeter Frieden; sie können nicht erregt werden durch die verzerrten, irrigen Bruchstücke von Informationen, die durch die wechselhaften Stimmen ihrer Umgebung an ihre Ohren dringen.

Wenn ich Erkenntnis sage, meine ich Erkenntnis durch Intuition. Eine derart sichere Erkenntnis kann niemals durch harte Arbeit oder durch Experimente erlangt werden; denn diese Methoden sind nur auf materiellem Gebiet anwendbar, und Materie ist per se eine völlig unsichere Substanz, weil sie fortwährender Veränderung ausgesetzt ist. Selbst die von der Wissenschaft als sicher und als tausendfach bestätigt angesehenen Naturgesetze werden vergehen, wenn dieses Universum untergeht und nur seine Seele in Stille zurückbleibt. Was also ist der Wert dieser durch Arbeit und Beobachtung erlangten Erkenntnisse über seine Gesetze?

Ich hoffe sehr, dass der kritische Leser nun nicht meint, ich möchte erlerntes Wissen oder die Ergebnisse wissenschaftlicher Forschung ablehnen bzw. verwerfen. Im Gegenteil, ich glaube, dass Wissenschaftler die Pioniere des neuzeitlichen Denkens sind. Das Zeitalter der Literatur und der Kunst, als Dichter und Bildhauer den Funken des Göttlichen erkannten und ihm durch ihre eigene großartige Sprache Ausdruck verliehen, dieses Zeitalter ist längst in der fernen Vergangenheit der Vorläufer von Phidias und Homer versunken. Nicht mehr das Mysteriöse wirkt in der Welt der Gedanken und der Schönheit - das äußere Leben der Menschen ist jetzt vorherrschend, nicht mehr das geheimnisvolle Jenseitige. Aber die Wissenschaft macht Fortschritte, und zwar nicht so sehr aus eigenem Antrieb, als durch den Zwang der Umstände, hin zu der Trennungslinie zwischen interpretierbaren und nicht interpretierbaren Dingen. Jede neue Entdeckung drängt sie einen Schritt weiter. Deshalb schätze ich die Erkenntnisse sehr, die durch wissenschaftliche Forschung und Arbeit erreicht wurden.

Aber intuitive Erkenntnis ist etwas

ganz anderes. Sie kann nicht erlernt werden, sondern ist sozusagen eine Fähigkeit der Seele - nicht der animalischen Seele, die nach dem Tode wegen Lüsternheit, Anhaften oder der Erinnerung an böse Taten zum Geist wird, der an die Nähe der Menschen gefesselt ist - intuitive Erkenntnis ist eine Fähigkeit der göttlichen Seele, welche alle äußeren Formen des individualisierten Wesens belebt.

Das ist natürlich eine der Seele innewohnende, von ihr nicht zu trennende Fähigkeit. Wer vorhat, ein Jünger zu werden, muss sich durch Entschlossenheit und eine unbesiegbare, äußerste

Willensanstrengung dazu zwingen können, sich dieser Fähigkeit der göttlichen Seele bewusst zu werden. Ich gebrauche das Wort »unbesiegbar« aus einem besonderen Grund. Nur wer unbezähmbar ist, wer nicht beherrscht werden kann, wer sich bewusst ist, dass er selbst Herrschaft über Menschen und alles - ausgenommen seine eigene Göttlichkeit - ausüben kann, nur er kann diese Fähigkeit entwickeln. »Durch den Glauben ist alles möglich.« Skeptiker machen sich über den Glauben lustig und sind stolz darauf, frei davon zu sein. In Wahrheit jedoch stellt der Glauben eine enorme Kraft dar, durch die alles vollbracht werden kann. Denn er ist das Bindeglied zwischen dem höheren, göttlichen Teil des Menschen und seinem niederen Selbst.

Um intuitive Erkenntnis zu erlangen, ist der Gebrauch der treibenden Kraft des Glaubens unerlässlich, denn ohne den Glauben an die Existenz dieser Erkenntnisfähigkeit in seinem Inneren kann er sie nicht in Anspruch nehmen und nutzen wollen. Ohne ihn ist er hilflos wie Treibholz oder ein Wrack auf hoher See. So wie diese hin und her getrieben werden, mag es dem Menschen durch die Wechselfälle des Lebens ergehen. Aber das ist nur ein äußerliches, unwichtiges Geschehen. Selbst wenn ein Sklave in Ketten durch den Staub gezerrt wird, kann er sich trotzdem die stille Seele des Philosophen unverletzt erhalten, wie wir aus der Geschichte des Epiktet wissen. Andererseits mag ein Mensch in weltlichen Belangen in jeder Hinsicht erfolgreich und scheinbar Herr seines persönlichen Schicksals sein, obwohl ihn jeder aufkommende Gedanke innerlich zerrüttet und er weder Frieden noch Sicherheit empfindet. Und diese Zerrüttung treibt ihn nicht nur rein körperlich umher wie jenes Wrack in den Wellen des Ozeans - das wäre noch zu ertragen. Aber die

Zerrüttung durchbricht das Tor zu seiner Seele, überwindet sie, macht sie blind und entleert sie jeglicher Intelligenz, wodurch vorübergehende Eindrücke auf sie wirken können.

Das folgende Beispiel mag verdeutlichen, was ich meine. Stellen Sie sich einen Schriftsteller, einen Maler oder einen Komponisten bei der Arbeit vor. Er sitzt am offenen Fenster und das laute, geschäftige Leben der Straße überwältigt seine Sinne; denn der belebte Verkehr gleicht einem lärmenden, pompösen Festzug. Säße aber an dem selben Fenster ein Mensch ohne irgendein Vorhaben, ein Mensch, dessen Inneres leer ist, so würde er die Vorübergehenden sehen und sich nur an jene Gesichter erinnern, die ihm gefallen oder besonders auffallen. Letzteres gilt für unseren Verstand und seine Beziehung zur ewigen Wahrheit. Sobald er aufgehört hat, durch seine Befangenheit, seine Wechselhaftigkeit und seine unzuverlässigen Informationen die Seele zu beeinflussen, entflammt in der inneren Weite des Friedens, die schon nach der Bewältigung der ersten Regel vorgefunden wurde, das Licht der wahren Erkenntnis. Dann beginnt das Ohr zu hören - anfangs aber nur ungenau und sehr schwach. In der Tat, so schwach, so sanft sind diese ersten Andeutungen des beginnenden wahren, wirklichen Lebens, dass sie manchmal unachtsam als bloße Einbildung, als Hirngespinst vernachlässigt werden.

Ehe aber diese ersten Anzeichen mehr als nur die Bedeutung von Einbildung oder Hirngespinsten haben können, muss man sich dem tiefen Abgrund des Nichts auf andere Weise stellen. Die unerhörte Stille, die nur durch bewusst herbeigeführte Taubheit der Ohren gegenüber allen vergänglichen Geräuschen erreicht werden kann, verursacht ein größeres Entsetzen, als selbst die formlose Leere des Raumes. Die einzige Vorstellung von leerem Raum, zu der wir gedanklich fähig sind, ist, so glaube ich, die Vorstellung schwärzester Finsternis. Den meisten Menschen ist dies eine schreckliche, physisch empfundene Bedrohung, und die Vorstellung, dass diese Leere oder Dunkelheit ewig und unabänderlich ist, kann ihrem Vorstellungsvermögen nichts anderes als völlige Vernichtung bedeuten. Aber es handelt sich nur um das Auslöschen eines einzigen Sinnes, und der Ton einer Stimme kann selbst in tiefster Dunkelheit Trost spenden. Aber der Jünger, der nun in diese Finsternis hineingefunden hat, in diesen schrecklichen Abgrund, muss jetzt die Pforten seiner Seele so fest verschließen, dass kein Tröstender, aber auch kein Feind, eindringen kann. Durch diese zweite Anstrengung erst können diejenigen, die bisher nicht in der Lage waren, dies zu merken, erkennen, dass Freude und Schmerz ein und dieselbe Empfindung sind. Denn wenn die Einsamkeit der Stille erreicht ist, giert die Seele so leidenschaftlich nach Empfindungen, die ihr in der Finsternis Halt geben würden, dass ihr eine schmerzliche ebenso willkommen wäre wie eine freudige. Wenn dieser Bewusstseinszustand erreicht ist, kann jemand, der viel Mut hat, ihn ergreifen und festhalten und dadurch diese »Sensibilität« sofort vernichten. Wenn das Ohr nicht länger unterscheidet zwischen angenehmen und schmerzlichen Tönen, dann kann es nicht mehr durch die Stimmen anderer beeinflusst werden. Und dann ist es möglich, die Pforte der Seele gefahrlos zu öffnen.

»Sicht« gilt als erste und leichteste Anstrengung, weil sie zum Teil mit dem Intellekt unternommen wird. Dass sich der Intellekt das Herz unterwerfen kann, ist jederzeit im täglichen Leben zu beobachten. Somit liegt dieser vorläufige Schritt noch im Bereich der Materie. Aber beim zweiten Schritt gibt es keine derartige Unterstützung, noch irgendwelche materielle Hilfestellung. Mit materieller Hilfestellung meine ich natürlich die Funktionsweisen des Gehirns, der Gefühle, der menschlichen Seele. Wenn wir die Ohren zwingen, nur noch der ewigen Stille zu lauschen, wird aus dem bisher als Mensch bezeichneten Wesen etwas, das nicht mehr Mensch ist. Selbst eine oberflächliche Betrachtung der Einwirkungen, die die vielfachen Einflüsse anderer auf uns haben, zeigt, dass das stimmt. Ein Jünger wird alle Pflichten, die er als Erwachsener hat, erfüllen; aber er erfüllt sie nach eigenem Ermessen dessen, was Recht ist, nicht nach den Vorstellungen eines anderen oder anderer. Dies ist ein sehr offensichtliches Resultat seines Glaubens an die Erkenntnis, im Gegensatz zu den vielen blinden Glaubensbekenntnissen anderer.

Um die für einen Jünger notwendige reine Stille zu erlangen, müssen Herz und Gefühl und der Intellektualismus des Gehirns vernachlässigt werden. Beides sind nur Mechanismen, die am Ende des menschlichen Lebens vergehen. Es ist das Wesen des Jenseitigen, die treibende Kraft, die dem Menschen Leben gibt, die nun gezwungen ist, sich zu erheben und aktiv zu werden. Es ist dies die große

Stunde der Gefahr. Bei der ersten Prüfung werden Menschen aus Angst zum Irrsinn getrieben; Bulwer Lytton schrieb darüber. Kein Romancier, wohl aber so mancher Poet, hat sich zur zweiten Prüfung vorgewagt. Deren Raffinesse und große Gefahr liegt in dem Umstand, dass die Kraft eines Menschen der Maßstab ist für seine Aussicht, sie zu bestehen, ja sogar, sie überhaupt in Angriff zu nehmen. Wenn er die Kraft hat, jenen noch unvertrauten Aspekt seiner selbst zu erwecken, dieses höchste Wesen, dann ist er auch stark genug, die Goldene Pforte zu öffnen, dann ist er ein wahrer Alchimist, der das Lebenselixier besitzt.

Wenn er diese Erfahrungsstufe erreicht hat, sondert der Okkultist sich von allen anderen Menschen ab und beginnt ein Leben, das nur ihm gehört; er betritt den Pfad individueller Leistungen, anstatt sich den bösen Geistern, die unsere Welt regieren, zu unterwerfen. Sein Aufstieg zur Einzelkraft stellt ihn in Wirklichkeit nun den edleren Mächten des Lebens gleich, denn sie stehen über den Mächten dieser Welt und den Gesetzen dieses Universums. Hier liegt des Menschen einzige Hoffnung auf Erfolg - indem er ohne zu zögern von seinem derzeitigen Standpunkt zum nächsten springt und sofort ein wirklicher Teil der göttlichen Macht wird, so wie er wesentlichen Anteil hatte an der intellektuellen Macht, der großen Natur, der er angehört. Er ist sich sozusagen immer selbst voraus - falls ein solcher Widerspruch verstanden werden kann. Solche Menschen, die diese Auffassung vertreten, die an die ihnen selbst und der ganzen Menschheit innewohnende Fähigkeit zum Fortschritt glauben, sind Pioniere und unsere großen Brüder. Jeder muss den großen Sprung selbst und ohne Hilfe vollbringen, es ist jedoch ein Trost zu wissen, dass schon andere diesen Weg eingeschlagen haben. Möglicherweise hat der große Abgrund sie verschlungen. Wie dem auch sei, sie hatten den Mut, ihn zu betreten. Ich erwähne die Möglichkeit, dass sie im Abgrund untergegangen sein können, weil jemand, der ihn durchschreitet, für einen anderen erst dann erkannt werden kann, wenn beide den anderen, völlig neuen Zustand erreicht haben. Es ist unnötig, jetzt zu erläutern, was mit diesem Zustand gemeint ist. Es sei hier nur erwähnt, dass der Mensch anfangs, beim Eintritt in die Stille, seine Freunde, seine Lieben, alle, die ihm nahe standen und teuer waren, vergisst; ebenso erkennt er weder seine Lehrer noch jene, die den Weg vor ihm gingen. Ich erkläre dies deshalb, weil kaum einer hindurchgeht ohne bittere Klage. Wenn der Verstand nur schon vorher die Tatsache verstünde, dass die Stille vollständig sein muss, dann würde diese Klage als Hindernis auf dem Weg nicht aufkommen. Auch wenn dein Lehrer oder ein Vorgänger deine Hand in seiner hielte und dir sein Mitgefühl aus ganzem Herzen gäbe - sobald Stille und Dunkelheit kommen, weißt du nichts mehr von ihm. Du bist allein und er kann dir nicht helfen - nicht weil er keine Kraft hat, sondern weil du deinen größten Feind herbeibeschworen hast.

Dein größter Feind, das bist du selbst. Nur wenn du die Kraft hast, deiner eigenen Seele in der Dunkelheit und in der Stille gegenüberzutreten, wirst du dein physisches beziehungsweise animalisches Selbst, das nur in Sinnesempfindungen lebt, überwinden.

Diese Aussage ist nur scheinbar kompliziert; sie ist eigentlich recht einfach. Der Mensch steht zwischen zwei Feuern, wenn er seine volle Reife erlangt hat und wenn seine Zivilisation auf ihrem Höhepunkt steht. Könnte er jetzt nur sein großes Erbe einfordern, dann würden die Behinderungen des animalischen Lebens sich ohne Schwierigkeiten von ihm lösen. Aber weil er dies unterlässt, blühen die Menschengeschlechter auf - und verwelken und sterben, wie großartig die Blütezeit auch gewesen sein mag. Und es ist jedem Einzelnen überlassen, sich aufzuraffen; sich nicht schrecken zu lassen von seiner höheren Natur, sich nicht herabziehen zu lassen von seinem niederen, materielleren Selbst. Ein jeder, der dies vollbringt, ist ein Erlöser der Menschheit seines Zeitalters.

Gleichgültig, ob er seine Taten verkündet oder schweigend im Verborgenen lebt, es ist eine Tatsache, dass er Bindeglied zwischen dem Menschen und dessen göttlichem Teil ist; zwischen dem Offensichtlichen und dem Geheimnisvollen; zwischen dem Lärm des täglichen Lebens und der Stille der schneebedeckten Gipfel des Himalaya. Er muss sich nicht unter die Menschen begeben, um dieses Bindeglied zu sein; im Astralen *ist* er dieses Glied, und diese Tatsache macht ihn zu einem Mitglied einer anderen Ordnung als der der Menschheit angehörigen Wesen. Schon ganz am Anfang des Weges zur Erkenntnis, schon beim zweiten Schritt gewinnt er Sicherheit und wird sich bewusst, dass er anerkannter Teil eines Ganzen ist.

Es ist dies einer der Widersprüche des Lebens, die so oft vorkommen, dass sie dem Romancier unendlich viel Stoff bieten. Der Okkultist empfindet sie immer ausgeprägter auf seinem erwählten Lebensweg. Während er sich in sich selbst zurückzieht und von anderen unabhängig wird, empfindet er mit mehr Sicherheit, dass er Anteil hat an einer großen Flut klaren Denkens und Fühlens. Hat er erst die erste Lektion erlernt, den Hunger des Herzens überwunden und es abgelehnt, von der Liebe anderer zu leben, dann merkt er, dass er eine größere Fähigkeit errungen hat, Liebe zu wecken. Kaum hat er das Leben von sich gewiesen, kommt es in neuer Form und Bedeutung zu ihm zurück. Die Welt war schon immer voller Widersprüche für den Menschen; wenn er aber Jünger geworden ist, bemerkt er, dass das Leben als eine Reihenfolge von Paradoxien bezeichnet werden kann. Das ist eine natürliche Tatsache, deren Grund verständlich genug ist. Des Menschen Seele lebt »wie ein Stern entfernt«, selbst die des schlechtesten unter den Menschen, während sein Bewusstsein unter dem Gesetz des bewegten, sinnlichen Lebens steht. Allein dadurch entstehen die komplizierten Charaktereigenschaften, die der Romancier ausschöpft. Jeder

Mensch ist ein Geheimnis, dem Freund, dem Feind und sich selbst. Man kann seine Beweggründe oft nicht entdecken, und er selbst kann nicht verstehen, weshalb er diese oder jene Entscheidung trifft. Es ist Aufgabe des Jüngers, das Bewusstsein in jenem sternengleichen Teil seiner selbst, wo seine Kraft und seine Göttlichkeit schlummern, zu erwecken. Wenn dieses Bewusstsein erweckt wird, dann wird er immer widersprüchlicher, ebenso wie die Paradoxien, die er erlebt. Denn der Mensch gestaltet sein eigenes Leben, und »Wagnis dem Wagemutigen« ist einer jener weisen Sprüche, die dem wirklichen Leben entnommen wurden und die menschliche Erfahrungswelt beschreiben.

Auf den göttlichen Teil des Menschen ausgeübter Druck zeitigt Rückwirkung auf seinen animalischen Teil. Durch das Erwecken der stillen Seele wird das tägliche Leben des Menschen ziel- und verantwortungsbewusster, vitaler, wirklicher. Um bei den bereits erwähnten Beispielen zu bleiben, der Esoteriker, der sich in seine eigene Festung zurückgezogen hat, hat seine Stärke gefunden, und ohne Umschweife ist er sich seiner Pflicht bewusst. Nicht durch sich selbst erlangt er seine Kraft, sondern weil er Teil des Ganzen ist. Und sobald er vor den Erschütterungen des Lebens in Sicherheit und unberührt ist, ruft die äußere Welt ihn, auf dass er in ihr tätig werde. So ist es auch mit dem Herzen. Wenn es den Wunsch zu nehmen aufgegeben hat, wird von ihm verlangt, reichlich zu geben.

Licht auf den Pfad ist als Buch der Paradoxien bezeichnet worden, und zwar mit Recht. Wie könnte es anders sein, beschreibt es doch die wirklichen Erfahrungen eines Jüngers.

Die astralen Sinne des Sehens und des Hörens erlangt zu haben oder, in anderen Worten, ein Wahrnehmungsvermögen erlangt und die Tore der Seele geöffnet zu haben, dies sind gigantische Aufgaben, wozu möglicherweise viele aufeinanderfolgende Inkarnationen geopfert werden müssen. Aber dennoch ist es möglich, wenn die Willenskraft voll erblüht ist, dass das ganze Wunder in einer einzigen Sekunde erfolgt. Dann ist der Jünger nicht mehr Sklave der Zeit.

Diese ersten beiden Schritte sind negativ, d.h. sie bedeuten den Rückzug vom derzeitigen Stand der Dinge, anstatt auf etwas hinzugehen. Die nächsten beiden Schritte sind positiv, insofern sie eine Vorwärtsbewegung zu einem anderen Seinszustand bedeuten.

»EHE DIE STIMME IN GEGENWART DER MEISTER SPRECHEN KANN.«

Sprache ist das Mittel der Kommunikation; der Zeitpunkt ihrer Beherrschung kennzeichnet den Beginn des aktiven Lebens. Ehe ich fortfahre, möchte ich die Anordnung der in *Licht auf den Pfad* festgehaltenen Regeln erklären. Die ersten sieben nummerierten Aphorismen sind Unterabteilungen der beiden ersten nummerierten Regeln, die in den beiden bisherigen Kommentaren behandelt wurden. In den bezifferten Regeln habe ich versucht, die unbezifferten verständlicher zu machen. Die Regeln Nr.8 und

Nr. 15 sind Teil der unbezifferten Regel, mit der wir uns in diesem Kommentar jetzt beschäftigen werden.

Ich sagte schon, dass diese Regeln für alle Jünger, aber nur für sie, geschrieben wurden. Für andere sind sie uninteressant, deshalb bin ich sicher, dass andere dieser Lektüre nicht weiter folgen werden. Wenn nötig, will ich tiefer eingehen in die ersten beiden Regeln, die jenen Teil des Strebens vollständig wiedergeben, in dem das scharfe Messer des Chirurgen angewandt werden muss. Aber es wird von einem Jünger erwartet, mit jener Schlange, die sein niederes Selbst ist, ohne Hilfe fertig zu werden und seine menschlichen Leidenschaften und Gefühle durch seine eigene Willensanstrengung zu unterdrükken. Erst wenn dies vollbracht oder doch wenigstens teilweise vollbracht ist, kann die Unterstützung eines Meisters verlangt werden. Andernfalls bleiben die Pforte und die Fenster seiner Seele blind, dunkel, undurchsichtig und er erlangt keine Erkenntnis. Ich habe nicht vor, dem Leser in diesen Kommentaren zu erklären, wie er mit seiner eigenen Seele umgehen soll. Ich vermittle dem Jünger Wissen, nichts weiter. Dass ich nicht für das Verstehen aller schreiben kann, liegt an der Tatsache, dass die übersinnliche Natur dies durch ihre eigenen unabänderlichen Gesetze verhindert.

Die vier von mir für Lernende des Westens niedergeschriebenen Regeln sind, wie ich schon sagte, in der Vorhalle jeder bestehenden Bruderschaft eingraviert; mehr noch, es gibt sie in jeder bestehenden und vergangenen Bruderschaft, sogar in jedem noch nicht bestehenden Orden. Wenn ich Bruderschaft oder Orden sage, meine ich nicht eine Vereinigung von Akademikern und Intellektuellen. Nein, ich meine eine Entwicklungsstufe in der übersinnlichen Natur, auf dem Weg zum absoluten Gott oder Guten. Während dieser Entwicklung erfährt der Jünger Harmonie, reine Erkenntnis und reine Wahrheit der verschiedensten Grade, und beim Erlangen dieser Grade bemerkt er, dass er sich in etwas verwandelt, das als eine Schicht menschlichen Bewusstseins bezeichnet werden kann. Er begegnet Menschen, die seinesgleichen sind, Menschen wie er selbst, die von Selbstlosigkeit bestimmt sind. Seine Verwandtschaft mit ihnen wird permanent und unzertrennlich, denn sie beruht auf einer wichtigen Wesensgleichheit. Ihnen ist er verbunden durch ein Gelöbnis, das in keine alltäglichen Worte gekleidet werden muss. Dies ist ein Aspekt dessen, was ich mit Bruderschaft meine.

Nachdem er die erste Regel gemeistert hat, steht der Jünger an der Schwelle. Ist sein Wille dann stark genug, so erhält er die Macht des Sprechens - eine zweifache Macht. Denn indem er weiterschreitet, betritt er einen Zustand des Erblühens, wo jede sich entfaltende Knospe mehrere ihrer Strahlen bzw. Blütenblätter ausstößt. Will er seine neue Gabe nutzen, dann muss er sie in ihrer zweifachen Art nutzen. Nun fühlt er in sich die Kraft, in Gegenwart der Meister zu sprechen. Er hat, in anderen Worten, das Recht erlangt, Kontakt mit dem göttlichsten Element des Bewusstseins zu verlangen, dem er nun angehört. Aber durch die Art seiner Stellung spürt er nun auch den Zwang, gleichzeitig auf zwei Arten zu handeln. Er kann seine Stimme nicht an die Götter in ihren Höhen richten, bis er nicht auch in die Tiefen vorgedrungen ist, die der Götter Licht nicht erreicht. Er ist im festen Griff eines eisernen Gesetzes. Verlangt er, Novize zu werden, dann wird er ohne Umschweife zum Dienenden. Sein Dienen aber ist von erhabener Größe, schon durch die Eigenschaften jener, die mit ihm dienen. Denn auch die Meister dienen - sie dienen und fordern ihren Lohn später. Ein Teil ihres Dienens ist es, den Jünger an ihrem Wissen teilhaben zu lassen. Sein erster Dienst ist dann die Weitergabe eines Teils dieses Wissens an andere, die noch nicht da stehen können, wo er steht. Kein Meister oder Lehrer, wie göttlich er auch sei, trifft eine solche Entscheidung willkürlich. Es ist das Gesetz jenes Lebens, das der Jünger begonnen hat.

Deshalb stand auf dem inneren Tor der Logen der alten Ägyptischen Bruderschaft: »Der Arbeitende ist seiner Aufgabe würdig.«

»Bittet, und euch wird gegeben«, klingt zu einfach, um glaubwürdig zu sein. Aber der Jünger kann nicht »bitten« in dem mystischen Sinne, in dem das Wort in dieser Lehre gemeint ist, bis er die Kraft gewonnen hat, anderen zu helfen.

Warum? Klingt diese Behauptung zu dogmatisch? Ist es zu dogmatisch, zu sagen, dass man einen festen Halt haben muss, ehe man springen kann? Genau so ist es hier. Wenn geholfen wird, wenn etwas getan wird, dann besteht ein Anspruch - kein persönlicher Anspruch auf Bezahlung -, aber der Anspruch auf Teilhabe an der Natur des Göttlichen. Diese geben sie; und sie fordern, dass auch du gibst, ehe du ihnen angehören kannst. Dieses Gesetz entdeckt der Jünger, sobald er den Versuch unternimmt zu sprechen, denn Sprache ist eine Gabe, die nur dem Jünger zuteil wird, der Kraft und Wissen besitzt. Spiritisten stoßen in die psychisch-astrale Welt vor, aber dort finden sie nur dann eine bestimmte Sprache, wenn sie sie sofort und dann stets von neuem verlangen. Wer an »Phänomenen«, an Erscheinungen interessiert ist oder an den Zuständen und Zufällen des astralen Lebens, der nimmt nicht Teil an einem unmittelbaren Gedankenstrahl oder Zweck, sondern amüsiert sich im astralen Leben genauso, wie er im physischen Leben existierte und sich amüsierte. Sicherlich gibt es da ein oder zwei einfache Lektionen, die er auf der psychisch-astralen Ebene erlernen kann, ebenso wie es im materiellen und intellektuellen Leben einfache Lektionen zu lernen gibt. Und diese Lektionen müssen gelernt werden; wer das Leben eines Jüngers beginnen will, der wird an seinem fehlenden Wissen zu tragen haben, wenn er nicht früh schon diese einfachen Lehren gelernt hat. Sie sind wichtig und müssen ernsthaft erlernt und immer wieder angewandt werden, damit sie jeden Teil seiner Natur durchdringen können.

Doch zurück. Die Macht der Sprache zu fordern heißt, dass der Novize den Großen Meister, der im Strahl der Erkenntnis am höchsten steht, um Führung anruft. Sobald er das tut, wird seine Stimme zurückgeworfen von der Macht, der er sich näherte, und hallt wieder in den tiefen Abgründen der menschlichen Unwissenheit. Undeutlich erreicht die Neuigkeit, dass da Erkenntnis ist und eine wohlmeinende Macht sie lehrt, alle Menschen, die gewillt sind, sie zu hören. Kein Jünger kann die Schwelle überschreiten, ohne die Neuigkeit zu verbreiten und auch irgendwie ihre Erhaltung zu verursachen.

Aber nun bemerkt der Novize voller Schrecken, wie fehlerhaft und unvorbereitet er dies tat. Und dann überkommt ihn der Wunsch, es richtig zu machen, und mit dem Wunsch, anderen zu helfen, erwächst ihm Macht. Denn was ihn überkommt, ist ein reiner, unbefleckter Wunsch; ihn zu erfüllen, trägt ihm keine Vorteile, keinen Ruhm, keinen persönlichen Lohn ein - deshalb hat er die Macht, ihn zu erfüllen.

Soweit wir die Vergangenheit kennen, sehen wir, dass die Erfüllung der ersten Aufgabe, die dem Novizen gestellt wird, weder Vorteil noch Ruhm oder Lohn nach sich zieht. Mystiker sind schon immer verächtlich gemacht worden, Sehern wurde nicht geglaubt. Diejenigen unter ihnen, die zusätzlich Stärke des Intellekts besaßen, haben der Nachwelt ihre Schriften hinterlassen, die aber den meisten Menschen bedeutungslos blieben, selbst dann, wenn sie den Vorzug hatten, aus ferner Vergangenheit zu uns zu sprechen. Ein Jünger, der sich der Aufgabe unterwirft und dabei insgeheim Ruhm und Erfolg erhofft, der vor der Welt als Lehrer und Apostel dastehen möchte, hat schon versagt, ehe er die Aufgabe in Angriff nehmen konnte - seine verborgene Heuchelei vergiftet seine eigene Seele und die Seelen derer, die mit ihm in Berührung kommen. Insgeheim betet er sich selbst an, und dieser Götzendienst wird die entsprechenden Früchte tragen.

Andererseits wird der Jünger, der die Macht des Zutritts besitzt, der die Stärke zum Überschreiten jeder Barriere hat, sich selbst in dem neuen Bewusstsein völlig vergessen, das er erlangt, wenn die göttliche Botschaft seinen Geist erreicht. Wenn diese erhabene Berührung ihn wirklich aufrüttelt, dann wird er dem Göttlichen gleich in seinem Wunsch zu geben anstatt zu nehmen, in seinem Begehren, die Hungrigen zu speisen, anstatt das himmlische Manna selbst zu genießen. Sein Wesen ist transformiert, und der Egoismus, der menschliches Handeln im alltäglichen Leben verursacht, löst sich plötzlich von ihm.

»EHE DIE STIMME IN GEGENWART DER MEISTER SPRECHEN KANN, MUSS SIE DIE MACHT DES VERLETZENS VERLOREN HABEN.«

Alle, die den esoterischen Lehren nur flüchtige Aufmerksamkeit schenken - ihre Zahl ist groß - fragen, warum Adepten, wenn es sie gibt, nicht öffentlich auftreten und ihre Macht demonstrieren. Dass die meisten dieser großen Weisen in den Weiten des Himalaya leben sollen, wird als ausreichender Beweis dafür angesehen, dass sie nichts weiter als erfundene Gestalten sind. Weshalb sonst sollte man sie in so weite Entfernung versetzen?

Es ist jedoch Naturgesetz, nicht persönliche Entscheidung, die dies verursacht. Es gibt gewisse Gebiete auf dieser Erde, wo die »Zivilisation« sich nicht bemerkbar macht, wo das Fieber der modernen Welt keinen Zutritt findet. In diesen bevorzugten Gebieten finden sich stets Zeit und Gelegenheit für die Wirklichkeiten des Lebens - dort wird man nicht überwältigt von einer unfertigen, geldbesessenen und vergnügungssüchtigen Gesellschaft. Solange es in dieser Welt Adepten gibt, muss die Welt ihnen Abgeschiedenheit möglich machen. Dies ist nur äußerer Ausdruck einer tiefen Tatsache der übersinnlichen Natur.

Das Verlangen des Novizen wird so lange nicht erhört, bis die Stimme, die es ausdrückt, die Macht des Verletzens verloren hat. Es ist so, weil das göttlich-astrale Leben* ein Zustand ist, in dem dieselbe Ordnung herrscht wie im natürlichen Leben. Natürlich gibt es hier, wie in der Natur, ein Zentrum und äußere Bereiche. Um den zentralen Herzensbereich des Lebens sammelt sich Wissen, herrscht vollkommene Ordnung; im Außenbereich des Kreises sorgt Chaos für Dunkelheit und Verwir-

*) Natürlich weiß jeder Esoteriker, der Eliphas Levi gelesen hat, dass der »astrale« Bereich ein Bereich unausgeglichener Kräfte ist, und deshalb ein Zustand der Verwirrung vorherrscht. Aber das betrifft nicht den »göttlich-astralen« Bereich, wo Weisheit und somit Ordnung herrscht.

rung. Man kann sicherlich das Leben in jeglicher Gestaltung mehr oder weniger mit einer philosophischen Akademie vergleichen. Da gibt es immer jene, die nach Erkenntnis streben und dabei ihr eigenes Leben vergessen; und es gibt die oberflächliche Menge, die kommt und geht - jene von denen Epiktet gesagt hat, dass es ebenso leicht ist, sie Philosophie zu lehren, wie eine flüssige Speise mit der Gabel zu essen. So auch im Leben jenseits der astralen Sphären; dort lebt der Adept in noch größerer Abgeschiedenheit. Dieser Ort des Rückzugs ist so sicher, so geborgen, dass keine Missklänge sein Ohr erreichen. Warum ist das nötig, könnte gefragt werden, wenn Adepten im Besitz großer Kräfte sind, was diejenigen, die an sie glauben, ja behaupten? Die Antwort ist offensichtlich. Der Adept dient der Menschheit und identifiziert sich mit der ganzen Welt, er ist bereit, stellvertretend für sie jederzeit Opfer zu bringen - *indem er für sie lebt, nicht, indem er für sie stirbt.* Weshalb sollte er nicht sterben für sie? Weil er ein Teil, und zwar einer der wertvollsten Teile, des großen Ganzen ist; weil er Ordnungsgesetzen unterworfen ist, die er nicht brechen will. Sein Leben gehört nicht ihm, sondern jenen Mächten, die durch ihn wirken. Er ist die Blüte der Menschheit, die den Samen des Göttlichen birgt. Er ist ein Juwel der Gesamtnatur, beschützt und bewahrt, auf dass die Erfüllung verwirklicht und vervollkommnet wird. Nur in bestimmten Perioden der Weltgeschichte wird es ihm erlaubt, als Erlöser der großen Masse der Menschheit zu wirken. Für jene, die sich von dieser Masse lösen können, ist er immer da. Und für jene, die die Kraft haben, die Laster ihrer persönlichen menschlichen Natur zu überwinden, so wie es in diesen vier Regeln festgehalten wurde, ist er bewusst zur Stelle, leicht identifizierbar, zur Antwort immer bereit.

Aber das eigene Selbst zu überwinden, bedeutet, dass Eigenschaften zerstört werden müssen, die von den meisten Menschen nicht nur als unzerstörbar, sondern auch als wünschenswert bewertet werden. Die »Macht des Verletzens« schließt vieles ein, das den Menschen wertvoll ist - nicht nur für sich selbst, sondern auch in anderen. Der Instinkt der Selbstverteidigung und der Selbsterhaltungstrieb gehören dazu, ebenso wie die Vorstellung, dass man Rechte als Bürger, als Mensch, als Individuum hat, letztlich das angenehme Gefühl, Selbstachtung und Tugendhaftigkeit zu besitzen. Für so manchen sind dies harte Behauptungen, doch sie sind wahr. Denn diese Worte sind ebenso wie jene früheren, die ich in dieser Angelegenheit notiert habe, in keiner Weise meine eigenen Worte. Sie sind den Überlieferungen der Loge der Großen Bruderschaft entnommen, die einst der geheime Glanz Ägyptens war. Die Regeln, die damals in ihren Vorhallen geschrieben standen, sind dieselben, die heutzutage in den Vorhallen existierender Schulen stehen. Zu allen Zeiten lebten Weise abgeschieden von der Menge, und selbst wenn ein bestimmter, zeitlich begrenzter Grund einen von ihnen veranlasst, sich unter die Menschen zu begeben, bleiben seine Abgeschiedenheit und Sicherheit vollständig bewahrt. Es ist ein Teil seines Erbes, Teil seiner hohen Stellung, er hat ein Recht darauf, das er ebenso wenig ablehnen kann, wie die Königin von England ablehnen kann, die Königin von England zu sein. Ein Adept lebt also gelegentlich in den großen Weltstädten, auf der Durchreise, oder aber allen hilft die wahrhafte Macht und die Gegenwart dieser Menschen. Überall, in London, in Paris, in St. Petersburg, wo auch immer, halten sich hochentwickelte Menschen auf. Sie sind aber nur denen bekannt, die die Macht haben, sie zu erkennen, eine Macht, die einem durch die Überwindung des Selbst zuwächst. Wie könnten sie sonst in einer geistigen und psychischen Atmosphäre des Chaos und der Unordnung einer Großstadt existieren? Ohne Schutz würde ihr eigenes Wachstum behindert, ihre Arbeit beeinträchtigt. Aber der Novize könnte einem Adepten leibhaftig begegnen, unter einem Dach mit ihm wohnen und ihn trotzdem nicht erkennen, könnte unfähig sein, seiner eigenen Stimme dem Adepten gegenüber Gehör zu verschaffen. Keine räumliche Nähe, keine enge Verbindung, keine tagtägliche Vertrautheit kann also das unerbittliche Gesetz verletzen, das dem Adepten seine Abgeschiedenheit sichert. Keine Stimme dringt an sein inneres Ohr vor, ehe sie nicht göttlich geworden, also eine Stimme geworden ist, die den Rufen des Selbst keine Beachtung schenkt. Jeder andere Appell wäre sinnlos, wäre eine Kraftverschwendung, wie etwa Kindern das ABC von einem Professor der Philologie beibringen zu lassen. Erst wenn ein Mensch im Herzen und geistig zum Jünger geworden ist, ist er für die Lehrer überhaupt vorhanden. Er erreicht diesen Zustand der Jüngerschaft nur auf eine einzige Weise - durch die Aufgabe seines Menschseins als Person.

Um die Macht des Verletzens durch seine Stimme zu verlieren, muss ein Mensch einen Punkt erreicht haben, wo er sich als nur einen einzigen Teil der großen Masse sieht, - als ein einziges Korn im Sand, der durch den bewegten Ozean hin und her gespült wird. Man sagt, dass jedes Sandkorn der Ozeane irgendwann an den Strand gespült wird und für einen Augenblick im Sonnenschein liegt. So ergeht es auch dem Menschen, er wird von einer großen Kraft hin und her getrieben, findet aber im Lauf der Zeit, dass auch ihn die Strahlen der Sonne erreichen. Nur wenn ein Mensch also sein eigenes Leben als Teil eines Ganzen erkennt, wird er jedes Streben nach eigenem Vorteil, nach eigenen Rechten aufgeben. Gewöhnliche Menschen sträuben sich, das Los der Menschheit zu teilen, bzw. erwarten, dass es ihnen zumindest in Bereichen, die ihnen persönlich wichtig sind, besser ergeht. Ein Jünger hat keine solche Erwartungshaltung, deshalb ist er sich, gleich Epiktet, dem angeketteten Sklaven, ohne zu murren bewusst, dass das Rad des Lebens sich endlos dreht. Könige erringen Macht und verlieren sie, Dichter werden gefeiert und wieder vergessen, Sklaven sind vielleicht glücklich, werden aber wieder verstoßen. Ein jeder wird durch die Drehung des Rades vernichtet. Der Jünger ist sich dieser Tatsache bewusst, und obwohl es seine Aufgabe ist, soviel wie nur möglich aus seinem Leben zu machen, beklagt er sich nicht darüber und wird deshalb auch nicht überheblich; auch beklagt er sich nicht über das größere Glück anderer. Es sind, das weiß er, Lektionen, die er lernen muss; er hat für Sozialisten und Reformer ein Lächeln, denn diese versuchen durch bloße Gewalt die Zustände des Lebens, die die Macht der menschlichen Natur hervorbringt, zu verändern. Es ist dies eine Vergeudung von Leben und von Energie.

Wenn der Jünger vollkommen verstanden hat, dass die Vorstellung des Besitzes individueller Rechte das Resultat jener verhängnisvollen Eigenschaft ist, die dem Zischen der Schlange des Selbst gleicht, durch deren Biss sein eigenes Leben und das seiner Mitmenschen vergiftet wird, dann hat er alle Bedingungen erfüllt, um an einer jährlichen Zeremonie teilzunehmen, die all jenen Novizen offen steht, die sich darauf vorbereitet haben. Dazu gehört, dass alle Verteidigungs- und Angriffsmittel aufgegeben werden - alle Waffen des Verstandes, des Herzens, des Bewusstseins, des Geistes. Nie wieder kann dann ein anderer Mensch kritisiert oder verdammt werden, nie mehr kann der Novize seine Stimme zur Selbstverteidigung oder zur Entschuldigung erheben. Aus der Zeremonie wird er hilflos, unbeschützt wie ein neugeborenes Kind in die Welt entlassen. Neugeboren in der Tat; eine Wiedergeburt im höheren Bereich des Lebens, in dem hochgelegenen leuchtenden Land, das ihm die Möglichkeit gewährt, die Welt mit Intelligenz und einer neuen inneren Aufgeschlossenheit zu betrachten. Ich erwähnte bereits, dass der Jünger nach der Entsagung von Gefühlen individueller Rechte auch seinen Gefühlen von

Selbstrespekt und Tugendhaftigkeit entsagen muss. Das mag wie eine schreckliche Lehre klingen, aber jeder Esoteriker weiß sehr wohl, dass dies nicht einfach Doktrin, sondern Tatsache ist. Wer sich für weise hält oder anderweitig seinen Mitmenschen überlegen, kann kein Jünger sein. Der Mensch muss gleich einem kleinen Kind werden, ehe er in das Reich des Himmels Einlass findet.

Tugendhaftigkeit und Weisheit sind erhabene Dinge, aber wenn sie in der Vorstellung eines Menschen nur Stolz und Gefühle des Getrenntseins von seinen Mitmenschen hervorrufen, dann sind sie nichts weiter als jene Schlange des Selbst, die in subtilerer Form wiedererscheint. Sie kann sich jederzeit in ihre gröbere Form verwandeln und so heftig vergiftend verwunden, als wenn sie die Hand des Mörders führt, der aus Hass oder Gier tötet, oder die des Politikers, der die Massen zugunsten seiner eigenen Interessen oder seiner Partei opfert.

In der Tat bedeutet der Verlust der Macht des Verletzens nicht, dass die Schlange nur blockiert, sondern dass sie getötet wird. Ist sie nur betäubt oder eingeschläfert, dann erwacht sie wieder, und der Jünger setzt sein Wissen und seine Macht für seine eigenen Zwecke ein. Er ist damit ein Schüler der vielen Meister schwarzer Künste, denn der Weg ins Verderben ist leicht zu finden und kann blindlings gegangen werden. Dass es sich um den Weg ins Verderben handelt, liegt klar auf der Hand; denn wer beginnt, für sich selbst zu leben, engt seinen Blickwinkel immer weiter ein, bis letztlich dieser wilde Drang nach innen nur noch den Handlungsspielraum von der Größe eines Nadelkopfes übrig lässt. Wir haben dieses Phänomen alle bereits im täglichen Leben beobachten können. Jemand, der egoistisch ist, isoliert sich selbst, wird uninteressant und immer unangenehmer für seine Mitmenschen. Er bietet einen unerfreulichen Anblick, und man meidet ihn wie ein wildes Tier. Wieviel schlimmer, wenn dies im höheren Bereich des Lebens geschieht, mit größerer Erkenntnismacht und durch die schnellere Aufeinanderfolge von Inkarnationen!

Deshalb sage ich, halte ein und überlege wohl, wenn du an der Schwelle stehst. Denn wenn der Novize seine Forderung ohne vollkommene Reinheit stellt, dann wird sie nicht zur Abgeschiedenheit des göttlichen Adepten durchdringen, sondern wird die schrecklichen Mächte der dunklen Seite unserer menschlichen Natur hervorrufen.

»EHE DIE SEELE VOR DEN MEISTERN STEHEN KANN, MUSS DAS BLUT DES HERZENS IHRE FÜSSE NETZEN.«

Das Wort »Seele« bedeutet in unserem Zusammenhang göttliche Seele, bzw. »sternengleicher Geist«.

»Stehen zu können bedeutet, Zuversicht zu haben«; Zuversicht zu haben bedeutet, dass der Jünger seiner selbst sicher ist, dass er seine Gefühle, sein Selbst, sogar sein Menschsein aufgegeben hat; dass er unfähig ist, Furcht und Schmerz zu empfinden; dass sein ganzes Bewusstsein im göttlichen Leben aufgeht, welches symbolisch durch das

Wort »die Meister« beschrieben wird; dass er weder Auge noch Ohr, weder Sprache noch Macht hat - außer im göttlichen Strahl und durch diesen, den sein höchster Sinn berührt hat. Dann ist er also furchtlos, befreit vom Leiden, frei von Angst oder Verzweiflung; seine Seele steht ohne Furcht oder den Wunsch nach Aufschub im gleißenden Schein des göttlichen Lichts, das sein Wesen vollkommen durchstrahlt. Dann hat er sein Erbe angetreten und kann Gemeinsamkeit mit den Lehrern der Menschheit behaupten; er steht aufrecht, erhobenen Hauptes und atmet dieselbe Luft, die sie atmen. Aber ehe es ihm möglich ist, dies zu tun, muss das Blut des Herzens die Füße der Seele netzen.

Opferung und Aufgabe des menschlichen Herzens und seiner Gefühlsbewegungen ist die erste Regel; dazu ist »die Erlangung einer Ausgewogenheit, eines Gleichgewichts notwendig, das durch persönliche Emotionen nicht erschüttert werden kann«. Das ist die Praxis des Stoikers, auch er steht abseits und erfährt gelassen seine eigenen Leiden und die Leiden anderer.

Ebenso wie »Tränen« im esoterischen Sprachgebrauch die emotionale Seele, nicht aber deren physische Ausdrucksformen, bezeichnen, so bedeutet »Blut«

nicht das zum physischen Körper gehörende Blut, sondern das vitale schöpferische Prinzip in der menschlichen Natur, das den Menschen zum Zweck der Erfahrung von Schmerz, Freude, Lust und Leid in das menschliche Leben treibt. Wenn er das Blut des Herzens hat ausströmen lassen, steht er vor den Meistern als reiner Geist, der frei ist von dem Drang, durch Inkarnation Gefühle und Erfahrungen zu erleben. Fortwährende Inkarnationen im Laufe großer Zeitzyklen können sehr wohl immer noch sein Los sein, aber mit dem Unterschied, dass er diese Inkarnationen nicht mehr ersehnt, dass der undifferenzierte Drang zum Leben ihn verlassen hat. Wenn er also die materielle Form des Menschen auf sich nimmt, so deshalb, weil er ein göttliches Ziel verfolgt, um das Werk der »Meister« zu vollbringen - aus keinem anderen Grund. Er sucht weder Freude noch Leid, erwartet weder Himmel noch Hölle. Doch übernimmt er ein Vermächtnis, das nicht als Entschädigung für die Aufgabe dieser irdischen Dinge zu sehen ist, sondern vielmehr als ein Zustand, durch den jede Erinnerung an sie ausgelöscht wird. Er lebt nun nicht in der Welt, sondern mit ihr; sein Gesichtskreis ist so weit wie das gesamte Universum.

KARMA

Stelle dir mit mir das Einzeldasein als ein Seil vor, das sich vom Unendlichen aus erstreckt, das kein Ende und keinen Anfang hat und das niemals zerrissen werden kann. Dieses Seil ist aus unzähligen feinen Fäden geflochten, die eng aneinanderliegend seine Stärke bilden. Die Fäden sind farblos und vollkommen in ihrer Geradheit, Festigkeit und Ebenmäßigkeit. Während dieses Seil durch alle Plätze hindurchgeht, erleidet es seltsame Unfälle. Sehr oft wird ein Faden erfasst und bleibt irgendwo hängen oder er wird vielleicht nur von einem geraden Wege heftig hinweggezerrt. Dann bleibt er lange Zeit in Unordnung und stört das Ganze. Manchmal wird ein Faden mit Schmutz oder mit Farbe befleckt, und der Fleck verläuft nicht nur weiter über die Berührungsstelle hinaus, sondern er färbt auch andere Fäden. Und denke dabei, dass die Fäden leben - dass sie elektrischen Drähten gleichen, ja mehr noch, dass sie zuckenden Nerven ähneln. Wie weit muss also der Fleck, die verzogene Schlinge weiterwirken! Aber schließlich gehen die langen Stränge, die lebendigen Fäden, die in ihrem ununterbrochenen Verlauf das Einzelwesen bilden, aus dem Schatten in die Helle über. Dann sind die Fäden nicht mehr farblos, sondern golden; aufs neue liegen sie glatt nebeneinander, aufs neue ist Harmonie zwischen ihnen hergestellt, und vermöge dieser Harmonie im Innern wird die größere Harmonie wahrgenommen.

Dieses Bild gibt nur einen kleinen Teil - eine einzige Seite der Wahrheit wieder, es ist weniger als ein Bruchteil. Verweile jedoch dabei, mit seiner Hilfe kannst du dazu geführt werden, mehr wahrzunehmen. Das erste, was du verstehen musst, ist, dass die Zukunft nicht willkürlich aus irgendwelchen einzelnen Taten der Gegenwart gebildet wird, sondern dass Zukunft als Ganzes in ununterbrochenem Zusammenhange mit der Gegenwart steht, so wie die Gegenwart mit der Vergangenheit. Auf einer Ebene, von einem bestimmten Gesichtspunkt aus, ist das Bild vom Seil richtig.

Es wird gesagt, dass schon geringe Aufmerksamkeit, die dem Okkultismus zugewendet wird, große karmische Wirkungen hervorbringt. Dies kommt daher, dass es unmöglich ist, dem Okkultismus irgendwelche Aufmerksamkeiten zu schenken, ohne eine bestimmte Wahl zu treffen zwischen dem, was gewöhnlich gut und böse genannt wird. Der erste Schritt im Okkultismus bringt den Schüler zum Baume der Erkenntnis. Er muss pflücken und essen; er muss wählen. Er kann nicht mehr in der Unentschiedenheit der Unwissenheit verweilen. Er geht vorwärts, entweder auf dem guten oder auf dem bösen Pfade. Und auch nur ein einziger Schritt, bestimmt und wissentlich auf diesem oder jenem Pfade getan, hat große karmische Wirkung. Die Masse der Menschen geht schwankend und unschlüssig dahin, ungewiss, welchem Ziele sie zustrebt; ihre Lebensgrundsätze sind unbestimmt, infolgedessen arbeitet ihr Karma in verworrener Weise. Sobald aber die

Schwelle zur Erkenntnis erreicht ist, beginnt die Verwirrung abzunehmen, und die Folge ist, dass die karmischen Wirkungen gewaltig zunehmen, weil alle auf allen verschiedenen Ebenen in der gleichen Richtung wirken; denn der Esoteriker kann nichts mit halbem Herzen tun, auch kann er nicht mehr zurück, wenn er einmal die Schwelle überschritten hat. Diese Dinge sind ebenso unmöglich, als wenn ein Erwachsener wieder Kind werden wollte. Durch ihr Wachstum hat die Einzelseele sich der Verantwortlichkeit genähert, sie kann sich nicht mehr von ihr zurückziehen.

Wer den Banden von Karma entfliehen möchte, muss seine Individualität aus dem Schatten zum Licht erheben, er muss sein Leben so emporheben, dass jene Fäden mit nichts Befleckendem in Berührung kommen und nicht irgendwo so hängen bleiben, dass sie verzogen werden. Er erhebt sich einfach über den Bereich, in welchem Karma wirkt. Er verlässt darum nicht das Dasein, das er gerade lebt. Der Boden mag rau und schmutzig sein oder voller Blumen, deren Blütenstaub abfärbt, und voll süßer Dinge, welche haften und Fesseln werden - droben wölbt sich stets der freie Himmel. Wer frei von Karma werden will, muss in die Höhe nach einer

Heimat schauen und dann weiter in den Äther. Wer gutes Karma bilden will, wird viel Verwirrung begegnen, und in dem Bemühen, reiche Saat für seine eigene Ernte auszusäen, kann er tausendfaches Unkraut pflanzen und darunter ein Riesenunkraut. Wünsche keine Saat für deine eigene Ernte auszusäen; wünsche nur jene Saat zu säen, deren Frucht die Welt ernähren soll. Du bist ein Teil der Welt; indem du ihr Nahrung gibst, nährst du dich selbst. Doch selbst in diesem Gedanken lauert eine große Gefahr, die hervorbricht und dem Jünger gegenübertritt, der schon lange wähnte, für das Gute zu wirken, während er im Innersten seiner Seele nur Böses hegte; das heißt, er hat geglaubt, große Wohltaten für die Welt im Sinne zu haben, während der Gedanke an Karma ihn all die Zeit unbewusst umfangen hat und die große Wohltat, für die er arbeitet, für ihn selber ist. Ein Mensch kann aufkeimende Gedanken an Belohnung von sich weisen. Aber eben in diesem Vonsichweisen ist die Tatsache zu erkennen, dass er Belohnung wünschte. Und es ist vergebens, wenn der Jünger danach strebt, durch Selbstunterdrückung zu lernen. Die Seele muss fessellos sein, die Wünsche frei. Aber ehe sie nicht nur auf jenen Zustand gerichtet sind, in dem es weder Lohn noch Strafe, weder gut noch böse gibt, ist sein Bemühen vergebens. Er mag scheinbar große Fortschritte machen, aber eines Tages wird er seiner eigenen Seele von Angesicht zu Angesicht gegenüberstehen und wird erkennen, dass er, als er zum Baume der Erkenntnis kam, die bittere Frucht und nicht die süße wählte; und dann wird der Schleier gänzlich fallen, und er wird seine Freiheit aufgeben und ein Sklave des Begehrens werden. Darum laß dich warnen, du, der du dich dem Leben des Geistes eben erst zuwendest! Lerne jetzt, daß es für Begehren keine Heilung gibt, keine Heilung für den Wunsch nach Belohnung, keine Heilung für die Not des Verlangens, außer wenn du Auge und Ohr fest auf das gerichtet hältst, was unsichtbar und lautlos ist. Fange jetzt schon an, dies zu üben, so werden tausend Schlangen von deinem Pfade ferngehalten werden. Lebe im Ewigen.

Die Wirksamkeit der eigentlichen Gesetze von Karma soll nicht eher ergründet werden, als bis der Jünger den Punkt erreicht hat, von welchem ab sie ihn nicht mehr berühren. Der Eingeweihte hat ein Recht, der Natur ihre Geheimnisse abzufordern und die Gesetze kennen zu lernen, die das menschliche Leben lenken. Er hat dieses Recht erlangt, weil er sich aus den Beschränkungen der Natur erhoben und sich von den Gesetzen, die menschliche Leben lenken, befreit hat. Er ist ein anerkannter Teil des göttlichen Seins geworden und wird nicht mehr von dem, was zeitlich ist, berührt. So erlangt er Erkenntnis der Gesetze, welche das Zeitliche beherrschen. Du, der du wünschest, die Gesetze von Karma zu verstehen, versuche daher zuerst, dich selbst von diesen Gesetzen zu befreien; und das kann nur geschehen, wenn du deine Aufmerksamkeit auf das heftest, was von diesen Gesetzen unberührt bleibt.